송병건

성균관대학교 경제학과 교수

늦더위가 한창이던 날 서울 한 ~~~~~~~~~~~ 여기저기 낙서하기를 즐기며 자랐다. 청소년 ~~~~~~~~~~~~~~~~~~~~~~~ 에서는 전공인 경제학보다 역사책을 더 즐겨 ~~~~~~~~~~~ 옥스퍼드대학교에서 경제사로 박사 학위를 받았고 그 후 케임브리지대학교에서 관련 연구를 더 했다. 그때 경제학과 사회과학을 넓게 보는 데 관심이 커졌다. 또한 유럽의 박물관과 미술관 구경하는 재미에도 눈을 떴다. 아직도 전시관 입구에 서면 가슴이 콩닥거리는 증세를 보인다. 한국으로 돌아와 2000년부터 성균관대학교 교수로 재직하며 산업혁명의 역사, 직업의 역사, 세계인구사, 혁신의 역사, 서구 노동시장, 재난의 역사 등에 관심을 두고 연구해 왔다. 요즘 주목하는 주제는 동서양을 아우르는 세계화의 역사다. 학술 연구 외에도 저술과 강연, 방송 활동 등을 통해 대중과 소통하기 위해 꾸준히 노력을 기울여 왔다. 특히 비주얼 자료를 활용해 어려운 경제를 쉽게 스토리텔링 하는 방식을 좋아한다.

주요 저서로 『재난 인류』, 『세계사 추리반』, 『경제사: 세계화와 세계경제의 역사』, 『지식혁명으로 다시 읽는 산업혁명』, 『세계화의 단서들』, 『세계화의 풍경들』, 『비주얼경제사』 등이 있다.

매드푸딩

그림 작가

우리 마음을 움직이는 아름답고 재미있고 무섭고 신비로운 것 모두 그립니다. 일러스트레이터, 만화가, 컨셉 아티스트로 활동하고 있습니다. 여수엑스포 및 여러 박물관의 영상 컨셉 및 미술 기획에 다수 참여하였으며 웹툰, 출판, 미디어, 게임, 프로덕트 디자인 등에 활용되는 다양한 스타일의 일러스트 작업을 하고 있습니다.

인스타그램 @madpuddingstudio

난생 처음 한번 공부하는

경제 이야기

시장과 교역 편

난생 처음 한번 공부하는 경제 이야기 2 시장과 교역 편
우리는 왜 사고팔까?

2022년 6월 21일 초판 1쇄 발행
2024년 2월 29일 초판 5쇄 발행

지은이 송병건
그림 조현상

단행본 총괄 이홍
구성·책임 편집 노현지 강민영
편집 이희원
마케팅 안은지
제작 나연희 주광근

디자인 말리북
교정 허지혜
인쇄 영신사

펴낸이 윤철호
펴낸곳 ㈜사회평론
등록번호 10-876호(1993년 10월 6일)
전화 02-326-1182(마케팅), 02-326-1543(편집)
이메일 editor@sapyoung.com

ⓒ 송병건, 2022

ISBN 979-11-6273-225-0 03320

난생 처음 한번 공부하는

경제 이야기 2

시장과 교역 편

우리는 왜 사고팔까?

송병건 지음

사회평론

경제 이야기를 시작하며

안녕하세요? 여러분과 경제 이야기를 나누고자 하는 송병건입니다.

이 세상에는 경제에 관한 책이 넘쳐납니다. 대형 서점에 가득한 책, 인터넷에서 검색되는 수많은 책에 짓눌리는 기분이 들기도 합니다. 이런 상황에서 도대체 저는 무슨 생각으로 새 책을 내기로 마음을 먹은 걸까요?

돌이켜보면 저는 경제학하고 딱히 어울리는 인간은 아니었습니다. 청소년 시절, 경제학이 뭔지 하나도 모르면서 그저 앞으로 공부해봐도 괜찮은 분야라고 막연히 생각했습니다. 자연스레 대학교에서 경제학과를 전공했어요. 그런데 경제학 공부가 그다지 흥미롭지 않았습니다. 그래프와 수식으로 무장한 경제학은 너무 딱딱해 유연성이라곤 느껴지지 않았습니다. 세상사를 이해하는 깊은 통찰을 줄 것 같지도 않았어요. 심지어 부자를 위한 방패막이 학문인 건 아닌가 의심이 들기도 했습니다.

그래서 역사 공부로 관심을 돌렸습니다. 경제학에서 채우지 못한 허전함을 역사학이 풀어줄 수 있으리라 생각했거든요. 그런데 예상치 못한 변화가 찾아왔어요. 역사를 보면 볼수록 경제의 중요성이 더 크게 다가오는 것이었습니다. 당나라와 이슬람 군대가 벌인 전쟁도, 탐험가들이 새 항로를 개척하러 나선 것도, 두 차례 발발한 세계대전도 모두 경제적 이유로 설명이 더 잘 된다고 느꼈습니다. 결국 저는 다시 경제학을 돌아보게 되었고, 경제사라는 분야에서 안식을 찾았습니다.

이제 와 생각해보면 과거에도 경제 그 자체가 딱히 싫었다기보다는 경제를 즐겁게 알아가는 방법을 몰랐던 것 같습니다. 그런 방법을 찾다가 사람들의 삶과 연결된 방식, 역사적 사례로 돌아보는 방식까지 도달한 거지요. 알고 보니 적절한 길이었습니다. 경제란 결국 사람들이 소망과 욕망을 달성하려고 쏟은 노력의 총합이니까요.

장황하게 제 이야기를 했습니다만, 제가 드리고 싶은 말씀은 이것입니다. 경제 이야기는 수리와 논리에 밝은 사람만의 전유물이 아닙니다. 큰 부를 쌓기 위해 배워야 하는 전문적 지식도 아닙니다. 그저 원리를 깨우치면 이 세상의 변화를 좀 더 잘 이해하게 되는 내용, 그래서 우리가 살아가면서 뭔가를 선택하고 판단하는 데 도움이 되는 그런 공부일 뿐입니다.

제가 경제 이야기 시리즈를 내는 이유가 바로 여기에 있습니다. 대학 교재처럼 진입장벽이 높지 않지만 동시에 경제학의 본질은 잘 전달하는 책이 과거의 저처럼 흥미를 못 느끼는 사람들에게는 꼭 필요하다고 생각했거든요.

게다가 의외로 경제학이란 학문은 재미도 있고 실생활에도 유용합니다. 알고 나면 보이지 않았던 것들이 새롭게 보이는 경험을 하게 됩니다. 이 책에서 나오는 과거와 현재의 생생한 사례를 통해서라면 그런 경제학의 가장 중요한 원리를 쉽고 즐겁게 알아갈 수 있으리라 확신합니다. 더 나은 생계를 꾸리기 위해 하루하루 노력하는 사회인부터 경제·경영 분야로 진출하기를 꿈꾸는 청소년들까지, 경제를 어렵게 여겨왔던 모든 사람이 이 책과 함께 경제의 문턱을 사뿐히 넘어서기를 바랍니다.

이 책을 준비하는 동안 많은 분이 도움을 주셨습니다. 대학의 동료 교수들과 다양한 경제활동을 하는 친구들의 이론적, 현실적 이야기가 큰 보탬이 되었습니다. 네이버 TV에서 진행했던 강연들과

네이버 프리미엄콘텐츠에 연재했던 내용이 책을 준비하는 데 소중한 마중물이 되어주었습니다. 김성무 님은 처음 이 시리즈를 기획하고 기본적인 틀을 잡는 데에 핵심적 역할을 해주었습니다. 깊은 감사를 드립니다. 조현상 일러스트레이터는 솜씨 좋은 그림으로 책을 훨씬 이해하기 쉽게 만들어주었습니다. 사회평론이 보여준 전폭적인 지원도 놀라웠습니다. 특히 김희연, 노현지, 강민영세 분의 지칠 줄 모르는 열정과 노고에 뜨거운 찬사를 보냅니다. 마지막으로 잔잔히 도와준 가족들, 고맙습니다.

명륜동에서
송병건

차례

III 흔들리는 무역, 다가오는 위기
무역은 어떻게 무기가 되는가?

온라인 퀴즈 QR코드 스캔 방법

(아래 방법은 스마트폰 기종에 따라 달라질 수 있습니다.)

① 포털 사이트 어플/앱 설치

② 네이버 검색 화면 하단 바의 중앙 녹색 원 클릭 ▶ QR 바코드
  다음 카카오 검색창 옆의 아이콘 클릭 ▶ 코드 검색

③ 스마트폰 화면의 안내에 따라 QR코드 스캔

‼️ 위 방법이 아닌 일반 카메라 어플/앱을 이용하실 수도 있습니다.

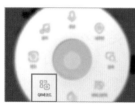

네이버: QR 바코드

다음: 코드 검색

이야기를 읽기 전에

◇ 본문에는 내용 이해를 돕기 위한 가상의 청자가 등장합니다. 청자의 대사는 강의자와 구분하기 위해 색글씨로 표시했습니다.

◇ 외국의 인명 및 지명은 국립국어원 어문 규정의 외래어 표기법을 따랐습니다. 다만 관용적으로 굳어진 일부 이름은 예외를 두었습니다.

◇ 경제학적으로 중요한 맥락의 개념어는 굵은 글씨로 표시했습니다. 일부 중요한 용어는 찾아볼 수 있도록 책 뒤에 정리해 두었습니다.

◇ 단행본은 『 』, 언론 매체는 《 》, 논문과 기타 작품 이름은 「 」로 표기했습니다.

I

교역,
번영의 씨앗이 되다

사고파는 일의 의미

마스크 품귀 사태 돌아보기

2019년 말 중국에서 시작된 정체불명의 호흡기 질환은 이듬해 초 새로운 감염병으로 판명됐습니다. 코로나19(COVID-19)로 명명된 이 감염병은 곧 엄청난 전파력을 과시하며 전 세계로 빠르게 확산되었죠. 보건용품을 비롯한 수많은 상품의 무역이 차질을 빚었는데, 특히 마스크 부족이 우리나라에서도 심각한 문제였습니다.

마스크를 둘러싸고 어떤 일이 있었는지 기억을 더듬어볼까요? 우선 마스크 품귀 현상이 생겼습니다. 약국마다 마스크를 구입하려는 사람들이 장사진을 쳤지만 마스크 생산은 단기간에 늘리기 힘들었어요. 그 결과 가격이 폭등했습니다. 평소보다 10배나 가격이 올랐는데 그나마도 구하기 어려웠죠. 정부는 곧 시장에 개입했습니다. 지정된 요일에만 마스크를 일인당 2매씩 구입할 수 있게 하는 이른바 '5부제'를 실시했죠. 일종의 배급제였습니다.

5부제는 네 달 가까이 유지됐어요. 그사이에 기업들의 마스크 생산 능력이 향상되었고 사재기 같은 현상은 점차 사그라들었습니다. 마스크 품귀 사태는 이렇게 막을 내리게 되었지요.

우리 모두가 생생하게 경험한 이 사태를 경제학적으로 설명할 수 있나요? 시장과 교역을 함께 공부하면서 경제학적 설명법을 익혀 보도록 해요.

모든 사람은 교환을 통해 살아간다.

| 애덤 스미스 |

01 지금의 세계를 만든 교역

#일상 #교역 #신용 #환어음

페이지를 넘기면 카메라를 향해 반갑게 인사를 건네는 보라 부족을 만날 수 있습니다. 보라 부족은 아마존강 유역에 거주하는 남아메리카 지역의 토착 원주민으로 약 3,000명이 살고 있다고 해요. 얼핏 봐도 알 수 있지만 21세기 대한민국에 사는 우리와는 아주 다른 삶을 살아가는 사람들이죠. 구체적으로 어떤 차이가 있을지 생각해볼까요?

일단 저기에서는 핸드폰이 안 터질 거고… 전기도 안 들어오겠죠? 공장도 없을 테고요.

페루, 콜롬비아, 브라질 등에 흩어져 거주하는 보라 부족의 모습. 주로 농사를 짓고 살아가며 각종 식물에 해박한 지식을 가진 것으로 알려져 있다.

맞습니다. 차이를 다 꼽자면 셀 수 없이 많죠. 지금 우리의 일상을 지탱해주는 많은 것들, 예컨대 스마트폰이나 컴퓨터 같은 전기 제품은 물론이고 교통, 의료 등 공공 서비스도 거의 발달하지 않았어요. 그뿐만 아닙니다. 무엇을 배우고 믿을지, 어떻게 판단할지 등 삶을 대하는 태도와 사고방식 자체가 우리와 완전히 다르죠. 종교나 철학을 포함해서 말입니다. 이 엄청난 차이가 다름 아닌 교역 때문에 발생했다는 게 믿겨지나요?

그게 다 교역 때문이라고요? 무슨 말씀인지 잘….

보라 부족뿐 아니라 아마존 열대우림에 사는 많은 부족이 외부와 거의 교류하지 않고 살아가요. 필요한 자원을 얻고자 할 때 외부와 거래하기보다는 스스로 생산하는 경우가 보통입니다. 바로 이 점에서 보라 부족의 삶이 우리와 결정적으로 달라져요. 교역이 우리 삶에 엄청난 변화를 가져오기 때문이죠.

교역이 일상에 미치는 영향

솔직히 저는 교역이 그렇게까지 중요한 문제인지 아직 잘 모르겠어요. 관련된 직종에서 일하는 사람도 아닌 제가 굳이 알아야 하나 싶기도 하고요.

네, 교역을 자신과 크게 상관없는 일로 여기는 분이 많죠. 하지만 교역이 우리 일상에 미치는 영향력은 생각보다 어마어마합니다. 교역이 잘 이루어질 때보다 문제가 생길 때 오히려 그 영향력이 절실하게 느껴지죠. 자, 아래 뉴스를 보고 어떤 생각이 드나요?

이란, 원유 제재 유예 불허에 '호르무즈 해협 봉쇄' 경고

(…) 이란 정예군 혁명수비대 해군의 알리레자 탕시리 사령관은

> 오늘 "이란이 호르무즈 해협을 통해 이익을 얻지못하면 이 전략적 해협을 봉쇄하겠다"라고 말했습니다. (…)
>
> —《KBS 뉴스》2019.4.22

정말로 '남의 나라 뉴스구나' 하는 생각이 들어요.

아마 호르무즈 해협이 어디 있는지조차 모르는 분이 많겠죠. 하지만 이란의 경고가 현실이 됐다면 우리 일상이 크게 망가졌을지도 모릅니다. 이땐 위협에만 그치고 해협이 봉쇄되지 않았지만, 만약 그런 일이 일어났다면 그 피해가 전 세계로 번졌을 테니까요.

저한테도 피해를 줬을 거라는 말씀이신가요?

당연합니다. 오른쪽 지도에서 보이듯 호르무즈 해협은 이란과 아라비아반도 사이에 위치해요. 페르시아만에서 동쪽의 아라비아해 쪽으로 빠져나가는 바닷길의 관문이라 할 수 있습니다. 만약에 이란 해군이 이 좁은 문을 틀어막아 버리면 쿠웨이트, 아랍에미리트 등 호르무즈 해협을 통해 석유를 수출하는 나라들은 당장 길이 막혀 버리죠. 그렇게 되면 엄청난 양의 석유 에너지를 수입에 의존하는 인도, 중국, 그리고 한국과 일본 등에 심각한 에너지 대란이 일어날

호르무즈 해협은 페르시아만과 아라비아해 사이에 있는 폭 50킬로미터의 좁은 해협이다.

수 있습니다.

그래도 그렇지 해협 하나 막혔다고 에너지 대란까지 일어날까요?

종종 비슷한 일이 일어났어요. 2021년 3월, 이집트 수에즈 운하에 초대형 화물선이 좌초되어 아시아와 유럽의 물류가 마비됐습니다. 다행히 빠르게 수습돼 심각한 사태로 번지지는 않았지만 잠시 석유 가격이 급등해 전 세계를 긴장하게 했지요.

400미터 배에 막힌 수에즈 운하, 유가 6% 뛰었다

고작 배 한 대 때문에 기름값이 그렇게 확 뛰어버릴 수 있군요….

초대형 컨테이너선 '에버기븐 호'가 좌초돼 수로를 가로막자 수천 대의 화물선이 수에즈 운하를 통과하지 못하고 해상에 머무르거나 서아프리카 쪽으로 우회하는 훨씬 먼 항로를 이용해야 했다.

산업과 기술이 고도화된 사회에서 에너지는 생명줄과도 같아요. 특히 한국처럼 천연자원이 거의 없는 나라는 석유를 수입하지 못할 경우 막심한 피해를 입습니다. 평소에 당연하게 이용하는 차량, 기계도 이전처럼 이용하기 어려워지고 공장을 가동하는 데에도 제약이 생기죠. 최악의 경우, 사회 전반에 물자 공급이 끊겨 물가가 폭등할 수 있습니다.

먼 곳의 바닷길 하나 막혔다고 우리나라에 큰 문제가 일어날 거라곤 상상도 못 했어요.

중동 부근을 오가는 배 한 척이 원자재 가격과 국제 정세를 뒤흔

들고, 수십억 인구의 경제활동과 생명을 위협할 수도 있는 게 바로 오늘날 세계예요. 지금 이 순간에도 수없이 많은 물자가 육지와 하늘, 바다의 교역로를 따라 끊임없이 오가며 우리 일상을 지탱해주고 있습니다.

다시 경제의 출발점에 서다

사실 경제라고 하면 주식이나 부동산부터 떠오르지 교역은 떠올리기 쉽지 않아요.

알고 있습니다. 교역, 무역이라고 하면 외교나 정치 문제라고만 생각하는 분들도 많더군요. 물론 둘 다 교역에 중요한 영향을 미치긴 하지만, 본질은 아닙니다.

TRADE = 교역, 교환

영어 단어 'trade'의 사전 뜻을 보면 교역의 본질이 무엇인지 감이 올 겁니다. 무역, 교역이라는 의미와 함께 **교환**이라는 뜻이 있어요.

당연한 말인데 왠지 새롭게 들리네요.

교환은 물건끼리 바꾸는 물물교환만을 뜻하지 않습니다. 돈으로 상품을 사는 일도 교환이죠. 물건으로 바꾸냐 돈으로 바꾸냐의 차이만 있을 뿐입니다. 이렇게 교환이 이루어지는 모든 공간을 경제학에서는 **시장**이라고 말해요. 교환이 이루어지는 곳에는 반드시 시장이 있고, 그래서 시장의 질서와 교환의 이익은 한 쌍입니다. 지금은 단순해 보이겠지만 아주 심오한 사실입니다.

교환과 관련해 제가 좋아하는 말이 하나 있어요. 경제학 입문서 『맨큐의 경제학』으로 잘 알려진 경제학자 그레고리 맨큐가 한 말로, '경제는 살아가면서 상호작용하는 사람들의 집단'이라는 겁니다.

자기 이윤을 중시하는 이기적인 사람들이 아니라 상호작용하는 사람들이라니 좀 의외인데요.

누구나 때로는 자신의 이익을 위해 남과 경쟁할 때도 있지만, 그 경쟁조차도 타인과의 상호작용이에요. 인간인 이상 우리는 다른 사람과 소통하며 영향을 주고받을 수밖에 없습니다. 가까운 일상에서는 물론이고 심지어 지구 반대편 사람과 협력해야 할 때도 있어요. 머나먼 중동 산유국의 석유가 있어야만 우리나라 국민이 살수 있는 것처럼요. 그보다 규모가 작을지라도 사람들이 상호작용하는 과정이 모든 경제의 출발입니다. 살짝 어렵게 말하자면, 경제란 인간이 생활에 필요한 재화와 서비스를 만들고 나눠 쓰면서 효용을 높이는 과정이라고 할 수 있어요.

알 듯 말 듯 하네요. 재화와 서비스라는 건 정확히 뭘 뜻하는 거죠?

재화란 사람을 만족시키는 물건 중 눈으로 확인 가능한 모든 거예요. 쌀, 양말, 신문, 스마트폰, 책… 종류는 무궁무진하죠. 한편, 서비스란 물건이 아니라 노동력입니다. 머리를 잘라주거나 환자를 치료해주는 일, 교육을 제공하는 일처럼 사람의 행동으로 가치를 만들어내는 일을 서비스라 하죠.

그러니까 둘 다 생활에 필요한 뭔가인데 재화는 물건이고, 서비스는 사람이 하는 일이라는 거네요.

맞아요, 재화와 서비스를 묶어서 **상품**이라고 합니다. 군이 개념부터 짚은 이유는 상품이라고 하면 보통 손에 잡히는 재화만을 떠올리기 쉽기 때문이에요. 하지만 무형의 서비스까지 포함된다는 걸 기억해주세요. 넓은 의미에서 우리는 매 순간 상품을 교환합니다. 아침에 눈을 떠서 세수하고 옷을 갈아입고 지하철을 타고 이동하는 일도 모두 상품을 교환하는 과정이에요.

경제는 교환의 합이다

제 손으로 세수하고 옷 갈아입는 것까지요?

하하, 세수는 자기 손으로 하겠지만 수도꼭지와 세면대를 손수 만들어 쓰는 사람은 없겠죠. 여기에 상하수도 서비스까지 갖춰져야 비로소 물을 쓸 수 있습니다. 갈아입을 옷에는 실을 짜서 만드는 과정이 필요하고, 지하철을 타고 목적지까지 이동하려면 누군가가 열차를 운행해줘야 합니다. 여러분이 노동으로 돈을 버는 것 또한 교환의 일종입니다. 엄밀히 말하면 자신의 노동력을 임금과 교환하는 거니까요.

우리가 매일 편리하고 안락한 생활을 누릴 수 있는 이유는 이렇게 다른 사람들과 재화와 서비스를 교환하기 때문이에요. 반대로 우리가 아무것도 교환하지 않으려 한다면 이 모든 경제활동은 일어나지 않겠죠.

아, 일상적으로 사용하는 교환의 의미보다 훨씬 넓네요. 아주 기본적인 활동까지 모두 교환이란 거군요.

그렇습니다. 경제는 무수한 교환이 얽히고설켜 만들어집니다. 특히 오늘날처럼 필요한 자원이 대부분 상품으로 거래되는 사회라면 교환하지 않고서는 생존 자체가 불가능하죠. 지금과 같은 이런 경제를 **상품경제**라고 합니다.

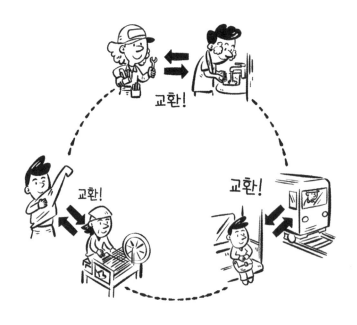

상품경제에서는 개개인의 작은 소비도 전체 경제를 움직이는 원동력이 됩니다. 예를 하나 들어볼까요? 여러분이 서점에 가서 책한 권을 샀다고 가정해보죠. 그 결과 여러분의 지갑에서는 1만 원이 빠져나갔지만 서점 주인의 지갑에는 1만 원이 늘어났습니다. 서점 주인은 여러분이 준 1만 원을 들고 식당에 가서 든든한 한 끼를 사 먹었어요. 그러면 돈은 다시 서점 주인의 지갑에서 식당 주인의 지갑으로 넘어갑니다. 이제 식당 주인은 새로 들어온 1만 원으로 볼링장에 가서 신나게 볼링을 칩니다. 그럼 돈이 다시 식당 주인에게서 볼링장 주인에게 넘어가죠.

이렇게 누군가의 지출은 다른 누군가의 소득이 됩니다. 소득을 얻은 사람은 다시 지출로 또 다른 사람의 소득을 증가시켜주고요. 그 소득은 다시 지출을 통해 또 다른 사람의 소득을…….

네, 이해했어요…! 그러니까 돈이 계속 돌고 돈다는 말씀이시잖아요.

하하, 그렇습니다. 오늘날 경제는 이렇게 소비라는 이름의 교환으로 굴러가고 있어요. 따라서 이 모든 교환을 이해하면 곧 전체 경제도 이해할 수 있게 됩니다. 교환의 합이 곧 경제죠.

교환의 합이 경제라··· 제가 별 뜻 없이 했던 소비들이 생각보다 경제에서 중요한 역할을 했는지도 모르겠어요.

맞는 말씀입니다. 상품경제 속에서 살아가는 우리는, 특별히 배우지 않아도 교환하는 법을 알고 있어요. 여건만 되면 누구나 자신이 가진 것과 자신이 원하는 것을 서로 교환하려 하죠. 내가 받은 만큼은 상대한테 돌려주어야 하고 또 준 만큼은 돌려받아야 한다는 의식도 갖고 있습니다.

하지만 교환하는 방법이 항상 똑같지는 않아요. 상점에서 돈을 내고 물건을 가져가는 일처럼 간단한 교환 말고도 교환의 종류는 다양하죠. 경제의 세계가 넓어지고 복잡해져온 만큼 교환의 수단도 조금씩 진화해왔습니다. 그 과정을 차근히 따라가 보면 오늘날 복잡해진 교환, 더 나아가 전체 경제를 이해하게 될 거예요.

교환 방식에 따라 사회가 변화하다

경제학자들은 인간 사회가 발달해온 과정을 크게 다음의 세 단계로 이해하곤 합니다. 한 사회가 주로 이용하는 교환 방식이 무엇이

냐에 따라 단계를 나눠놓았죠.

신용경제

화폐경제

자연경제

자연경제 단계는 쉽게 말해 화폐가 생기기 전 초보적인 물물교환 정도만 이루어지고 대부분 자급자족하던 사회를 말합니다. 신석기 혁명 이전의 구석기 사회가 그랬습니다.

인류 최초의 경제활동은 야생 과일, 풀과 나무의 뿌리 등을 채집해 먹거나 들짐승과 날짐승, 물고기, 애벌레 등을 직접 잡아먹는 것이었습니다. 그러다 점점 도구를 이용한 수렵과 채집 능력을 키워갔고 공동체 단위로 함께 사냥한 짐승을 나누어 먹으며 생계를 유지했죠.

직접 본 적이 없어서인지 어떤 모습인지 잘 상상이 안 가요.

비슷한 사례를 생각해봤는데, 혹시 「나는 자연인이다」라는 TV 프로그램 아시나요? 그 프로그램에 나오는 '자연인'들은 아직도 산에서 약초를 캐거나 강에서 미꾸라지를 잡아먹고 직접 지은 집에서 삽니다. 도저히 같은 21세기 우리나라에 사는 사람이라고 믿기 어려울 정도죠. 이렇게 사회로부터 스스로 고립돼 사는 사람들도 어느 정도 자급자족한다고 볼 수 있습니다.

인간인 이상 완전한 자급자족은 불가능하지만, 자연경제 사회에 사는 사람들은 생존에 필요한 대부분의 자원을 교환을 통해 얻는 게 아니라 직접 생산해야 합니다.

자연 친화적인 삶이 좋아 보일 때도 있지만, 또 마냥 그렇게 살고 싶지는 않더라고요.

사람마다 생활 방식이 다를 수 있기 때문에 자급자족 자체를 폄하할 순 없지요. 하지만 여러 가지 불편한 점이 있다는 건 분명합니다.

오늘날 사람들은 특정한 직업을 생존 수단으로 가진 채 살아갑니다. 개개인이 한 가지 일에 집중할 수 있기 때문에 능률이 좋아지고 사회 전체적으로도 생산성이 향상돼요. 반면에 자급자족 사회에서 한 가지 일만 하며 살다가는 굶어 죽기 쉽습니다. 저만 하더라도 자급자족 사회에선 경제학자가 될 수 없었겠죠.

밥 차리고, 밥 차릴 농작물 기르고, 농작물 기를 땅 가꾸고… 식사만 자급자족으로 해도 하루가 모자라겠어요.

그렇기에 인류는 자연스럽게 서로 필요한 상품을 교환하기 시작했습니다. 최초의 교환은 물건과 물건을 직접 교환하는 물물교환이었지만, 이런 방식에는 큰 불편이 따랐죠.
어떤 불편이 따랐는지 간단한 예를 들어볼게요. 쌀을 넘치도록 갖고 있어서 생선과 교환하고 싶은 사람이 있다고 가정해봅시다. 교환이 성사되려면 자신과는 정확히 반대 입장인 사람, 그러니까 남은 생선을 쌀과 교환하려는 상대를 찾아야 합니다. 내가 원하는 걸 상대가 가지고 있어야 하고, 동시에 상대도 내가 가진 걸 원해야 하니까 조건이 상당히 까다롭죠.

하긴 여럿이서 식사 메뉴 맞추기도 쉽지 않은데 원하는 걸 딱 맞추기 어려웠겠어요.

그래서 인류는 화폐라는 참신한 물건을 발명합니다. 사회 구성원 간 합의를 통해 어떤 상품과도 교환 가능한 상품을 만든 거죠. 같은 화폐를 사용하는 사회 안에서는 교환하려는 품목이 딱 맞는 상대를 힘들게 찾을 필요가 없었으니 교환이 더욱 활성화됐어요. 이게 두 번째 단계인 **화폐경제**입니다.

더 나아가 화폐조차 필요하지 않고, 오직 믿음을 바탕으로 교환이 이루어지기도 합니다. 이게 세 번째인 **신용경제**죠.

뭔지 알겠어요. 신용카드를 쓰는 거죠?

그렇습니다. 이미 경험하고 계실 거예요. 카페에서 아메리카노 한

잔을 사려고 할 때 1,000원짜리 지폐 4장 대신 신용카드 한 장을 건네는 게 바로 신용경제입니다. 교환이 성사되는 원리만 보면 단골 가게에 외상빚을 걸어두는 일과 비슷합니다. 당장 내 지갑에서 아메리카노값 4,000원이 빠져나가는 대신 미래의 신용카드 결제일에 카드 회사를 통해 돈을 지불하니까요. 신용카드 한 장만으로 여러분이 돈을 갚을 능력이 있다는 사실이 보장되기 때문에 결제를 당장 하지 않아도 커피를 얻을 수 있습니다. 이게 신용을 매개로 한 교환입니다. 더 많이, 더 빨리, 그리고 더 간편하게 상품을 교환하려는 사람들이 늘어나면서 교역의 방법은 점점 복잡해지고 그 무대도 점점 넓어졌죠.

신용으로 시공간의 제약을 넘다

교역의 무대가 넓어지면서 새로운 교환 수단을 도입한 대표적인 사례가 지금으로부터 약 500년 전, 르네상스를 맞이한 이탈리아입니다. 새로운 교환 수단이란 바로 환어음이었죠.

환어음이요? 어음은 들어봤지만 환어음은 처음 들어봐요. 뭐, 어음도 잘은 모르지만요.

어음이 뭔지부터 짚고 가볼까요. 어음이란 정해진 어느 시점에 돈을 갚겠다고 약속하는 증서예요. 일정 기간이 지나면 돈으로 바꿀 수 있죠. 예컨대 어떤 물건이 급히 필요한데 당장 대가로 줄 돈이 없다, 그러면 어음을 발행하는 겁니다. 종류는 크게 두 가지로 약속어음과 환어음이 있습니다.

무슨 차이인가요?

약속된 돈을 누가 주는지가 달라요. 약속어음은 반드시 처음에 어음을 발행한 사람이 돈을 지급해야 합니다. 어음을 발행할 때 빌린 금액과 갚을 기한, 갚을 장소를 어음에 적어서 받을 사람, 즉 수취인에게 주고 정해진 날짜 안에 갚으면 되는 거죠. 그러니까 돈을 지불할 지급인과 어음을 작성한 발행인이 같습니다.

빚낸 뒤 써주는 차용증이랑 비슷하네요. 그럼 환어음은 뭔가요?

환어음은 어음을 발행한 사람이 아니라 제삼자가 돈을 지급해요. 보통 '지급을 위탁한다'고 표현합니다. 환어음에는 아래와 같은 정보가 담겨 있습니다.

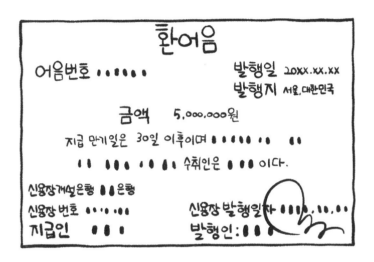

이렇게 생겼군요. 뭐가 많이 적혀 있네요.

기본적인 내용을 짚어보면 이렇습니다. 가장 중요한, 빌린 돈이 얼마인지와 언제 누가 이 돈을 받게 될지가 어음 중앙부에 적혀 있어요. 여기서 중요한 건 약속어음과 달리 환어음은 돈을 지불할 지급인과 어음을 작성한 발행인이 다르다는 거죠.

조금 더 구체적으로 환어음이 어떻게 쓰이는지 설명해볼게요. A라는 사람이 B라는 사람에게 시계를 하나 팔았다고 가정해보죠. 이제 A는 B에게서 돈을 받을 권리가 생겼고, B는 A에게 돈을 지급할 의무가 생겼습니다.

그런데 B가 시계값 10만 원을 바로 주지 않고, 대신 어음 한 장을 발행해 3개월 뒤에 돈을 주겠다고 약속했어요.

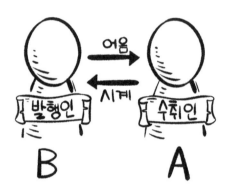

만약 이때 B가 발행한 어음이 약속어음이라면 3개월 뒤에 B가 직접 A에게 돈을 줘야 하지만 환어음이라면 제삼의 인물, 이를테면 B의 사업 파트너 C가 A에게 돈을 지급할 수 있습니다.

음, 3개월이 지나고 A가 돈을 받으려면 B가 아니라 C에게 찾아가야겠네요.

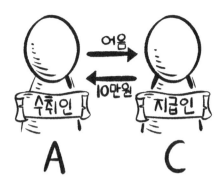

네, 말씀하신 대로 A가 C에게 어음을 주고 10만 원을 받아 갑니다. 마지막으로 B가 C에게 자기 대신 A에게 내준 10만 원을 수수료와 함께 갚으면 이 환어음의 역할은 끝나죠.

어음을 발행한 B와 돈을 받을 권리가 있는 A가 약속일에 다시 만나는 게 아니라 C라는 지급인을 통해 바로 채무 관계가 해결된다는 게 환어음의 장점입니다.

중간 과정이 어떻든 A는 돈을 잘 받는 거니까 문제없을 테고요.

그렇습니다. 기본 원리를 이해하셨으니 이제 르네상스 시대 유럽으로 가서 환어음이 어떻게 활용됐는지 살펴볼까요?

15세기 유럽 귀족들 사이에선 동양에서 수입한 사치품이 선풍적인 인기였습니다. 이때 이탈리아반도의 도시국가 피렌체가 동서양을 이어주는 중계무역의 거점 역할을 했습니다. 많은 돈과 물자가 도시를 오갔고 경제는 활기를 띠었죠.

수십 년 사이에 국제무역의 규모가 눈에 띄게 커지자 금화나 은화를 갖고 다니며 교역하던 기존 방식을 바꿀 필요가 생겼습니다. 무거운 금화나 은화를 들고 먼 길 이동하는 게 더 이상 참기 힘들어진 거죠. 게다가 이때는 치안이 부실해서 이동하던 중에 도적이라도 만나면 가진 돈을 전부 빼앗길 수도 있었어요.

아직도 힘들게 돈을 보따리째 싸 들고 다닐 때군요.

그래서 상인들은 환어음을 이용해 상품을 거래하기 시작했습니다. 피렌체 상인이 프랑스에 가서 현지 상인에게 물건을 구매했다고 가정해보죠. 환어음이 도입되기 전이라면 이 상인은 피렌체에서 금화나 은화를 가져와야 했겠지만, 이제는 환어음으로 물건의 대금을 낼 수 있습니다.

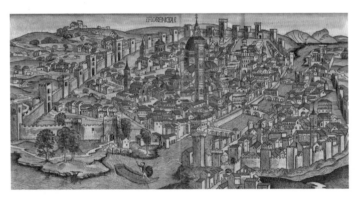

15세기 피렌체는 지금처럼 국가에 속한 도시가 아니라 그 자체로 하나의 도시국가였다. 상업이 크게 발달해 '상인의 도시'라고도 불렸다.

그러면 환어음을 받은 프랑스 상인이 환어음을 다시 돈으로 바꾸려면 어디로 가야 할까요?

피렌체 상인이 아니라 제삼자에게도 돈을 받을 수 있다고 했으니까… 글쎄요, 피렌체 상인이랑 친한 누군가일까요?

정답에 꽤 가까워요. 피렌체 상인과 신용을 쌓아온 지급인에게 갑니다. 앞선 예시에서 A가 발행인 B에게 가지 않고 사업 파트너 C에게 간다고 했던 것 기억하지요? 프랑스 상인은 피렌체까지 가지 않고 가까운 프랑스 지급인에게서 손쉽게 어음을 돈으로 바꿀 수 있어요.

프랑스 상인이 물건을 판 값으로 돈을 받게 됐군요.

한편 피렌체 상인 또한 프랑스 지급인에게 빚진 대금을 본국 피렌체 지급인에게 갚을 수 있어요. 약간의 수수료를 내야 했지만, 그만큼 편하고 안전하게 거래했으니 손해 보는 장사는 아니죠.

돈 싸들고 가다가 도적떼에 털리는 것보다야 수수료를 좀 주는 편이 낫겠네요. 그런데 이 지급인이라는 사람들은 대체 누구기에 여기저기 있나요?

당시 유럽에는 대륙 전역에 영향력을 발휘할 만큼 힘 있고 돈 많은 집단이 몇 있었어요. 이들이 프랑스와 피렌체 등 유럽 곳곳에 지급인을 두어 상인들이 신용거래를 할 수 있게 만든 겁니다. 앞선 예에서 봤듯 지급인 집단은 돈을 찾거나 맡기려는 사람들 사이를 연결해주고 수수료를 받아 이익을 챙겼죠. 사실상 요즘 금융기관이 하는 일과 비슷합니다. 그러니까 당시에 돈 많은 소수 집단이 은행 비슷한 사업을 꾸렸다고 할 수 있죠.

누군진 몰라도 되게 똑똑한 사람들이네요. 국가별로 지급인을 둘 정도면 세력도 막강했을 거 같고요.

여기서 상황을 하나만 더 가정해봅시다. 피렌체 상인으로부터 환어음을 받은 프랑스 상인이 일전에 영국 상인에게서 돈을 꾼 사실이 생각난 겁니다. 이때 프랑스 상인은 환어음을 어떻게 활용할 수 있을까요?

갑자기 영국이요? 글쎄요.

프랑스 지급인에게 어음의 수취인을 자기 대신 영국 상인으로 지정해달라고 하면 됩니다. 그러면 저 멀리 있는 영국 상인이 굳이 프랑스까지 오지 않고 가까운 영국에 있는 지급인에게 가서 돈을 받을 수 있어요. 원래는 무거운 금화가 이탈리아에서 프랑스로, 프랑

스에서 다시 영국으로 옮겨 다녔어야 했지만 환어음을 이용하자
장거리 교역의 단계가 순식간에 줄어듭니다.

가까운 데서 환어음을 화폐로 바꾸기만 하면 되니 돈 받으러 먼 길
갈 필요가 없었군요. 참 편리했겠어요.

그렇죠? 16세기 유럽에서 환어음 사업을 성공시킨 대표적인 집단
이 그 유명한 메디치 가문입니다.

많이 들어본 이름인데요.

당시 피렌체를 지배했던 가문이자 역사상 가장 힘센 시민 가문 가운데 하나죠. 레오나르도 다 빈치, 미켈란젤로 등 빛을 못 보던 작가들을 적극 후원해 르네상스 예술 발전에 혁혁한 공을 세운 가문이기도 합니다. 메디치 가문이 예술가들을 후원하는 데 쏟은 거액의 출처가 바로 환어음을 활용한 은행업에서 나온 이윤이었어요.

메디치 가문이 유럽 경제의 '큰손'으로 성장하도록 기초를 놓은 인물은 조반니 데 메디치입니다. 국제무역을 하며 결제의 어려움을 절감한 조반니는 가장 먼저 유럽 전역에 지점망을 구축해 일종의 환전 시스템을 만들었어요. 상인들은 메디치 가문의 환어음만 가지고 국경을 넘나들며 자유롭게 거래할 수 있게 됐죠. 덕분에 귀금속 화폐를 운반하는 비용과 위험이 크게 줄어들었습니다.

환어음과 함께 은행의 내 예금을 담보로 발행되는 수표, 회사가 자본을 조달할 때 발행하는 주식과 채권이 모두 비슷한 역할을 해요. 거래가 원활하도록 증서로 만든 이 자산을 유가증권, 줄여서 **증권**이라고 합니다.

환어음, 수표, 주식, 채권이 다 교환의 편의를 위해 만들어진 거군요.

메디치 가문의 기초를 닦은 조반니 데 메디치 (1360-1429)

코시모 1세 데 메디치의 승마상이 있는 피렌체 시뇨리아 광장

중요한 건 이것들이 모두 신용을 매개로 교환된다는 거예요. 생각해보세요. 증권 자체는 단지 종이 쪼가리에 불과합니다. 그럼에도 그것이 가치가 있다는 믿음이 사람들 사이에서 공유됐기에 값비싼 자산으로 유통될 수 있었죠. 환어음 역시 메디치 가문과 상인들의 신용으로 가치가 보증됐기 때문에 금화나 은화처럼 사용될 수 있었습니다.

듣고 보니 그러네요. 아무리 환어음을 가지고 있어도 금화로 바꿔줄 거라는 믿음이 없다면 사용되지 못했을 테니까요.

맞아요. 국제무역이 발달하면서 신용경제가 발달한 겁니다. 교환의 증가가 전에 없던 형태의 경제를 등장시켰죠. 신용을 바탕으로 한 환어음 거래는 무역의 시공간적 제약을 줄여주었고, 덕분에 세계의 모습을 바꿔놓을 만큼 장거리 무역이 활성화됐어요. 평범한 사람도 지구 정반대편 사람과 손쉽게 거래하는 사회, 지금 우리가 사는 세계의 모습은 이렇게 차츰 등장했습니다.

한계를 하나씩 극복하면서 점점 오늘날에 가까워졌군요.

그렇습니다. 한 가지만 덧붙이자면 모든 학자가 인류의 경제활동이 자연경제, 화폐경제, 신용경제 순서로 발전했다고 생각하는 건 아닙니다. 화폐경제보다 신용경제가 먼저 등장했다고 보는 견해도 있어요. 여기에선 순서에 집중하기보다는 인류가 교역해야 할 필요가 커질수록 그 수단이 서서히 진화했고, 그렇게 경제의 무대가 넓어졌다는 점을 기억해주시면 좋겠습니다.

차차 살펴보겠지만 교역이 활발해지는 과정은 자본주의의 역사이자 인류사의 지평을 넓혀놓은 세계화의 역사입니다. 역사의 중요한 순간에는 언제나 교역이 있었고, 그건 지금 이 순간에도 마찬가지예요.

제 생각보다 교역의 영향력이 크네요. 역사도 깊고요.

그렇다고 대단히 어렵거나 낯설게 생각할 필요는 없어요. 이번 시간에 제가 하고 싶었던 이야기는 단순합니다. 지금 우리의 일상을 만들어온 경제활동이 바로 교역이고, 교역의 본질은 사고파는 일이라는 겁니다. 이 점만 잘 이해했다면 이번 장의 목표는 완수한 셈이에요.

필기노트 지금의 세계를 만든 교역 ○ ○

교역이라고 하면 일상과 동떨어진 무엇이라고 생각하기 쉽다. 하지만 교역이 우리 일상에 미치는 영향은 매우 크다. 교역의 본질은 곧 교환이며, 교환 수단의 변화는 곧 사회를 변화시켰다.

교역이 일상에 미치는 영향

일상에서 사용하는 물건뿐 아니라 교육, 종교, 삶을 대하는 사고방식 모두 교역의 영향을 받음.

예시 보라 부족, 이란의 호르무즈 해협 봉쇄 경고

교역이란?

Trade=교환, 교역, 무역. 본질은 교환이다.

경제란 인간이 생활에 필요한 재화나 서비스를 만들고, 나눠 쓰면서 효용을 높이는 과정.
재화 사람을 만족시키는 물건 중 눈으로 확인 가능한 모든 것.
서비스 노동력으로 제공하는 가치.

상품경제 모든 일상이 상품의 교환을 통해 이루어짐.

교환 수단에 따른 사회의 변화

① 자연경제 화폐가 생기기 전, 초보적인 수준의 물물교환만 이루어지고 대부분 자급자족하던 때. 예시 구석기 사회

② 화폐경제 사회 구성원들의 합의를 통해 어떤 상품과도 교환이 가능한 화폐를 발명.

③ 신용경제 화폐조차 필요 없는, 믿음을 바탕으로 교환이 이루어지는 형태. 예시 신용카드

환어음 어음을 발행한 사람이 아니라 제삼자가 약속된 돈을 지불하는 어음.
→ 16세기 피렌체의 메디치 가문이 환어음 활용. 교역이 확대됨에 따라 교환 수단이 변함을 보여줌.

과거는 사실 미래만큼이나 상상력의 산물이다.

| 제시민 웨스트 |

02 교역하는 인간이 살아남았다

#침묵교역   #예리코   #메소포타미아   #실크로드

많은 사람이 교역을 자신과 별 관련 없는 일로 생각하며 그 중요성을 잘 모른 채 살아간대도 사실 교역이란 아주 '인간다운' 활동입니다. 이걸 무시하면 교역이 잘 이뤄지지 않고 삐걱거리게 되죠.

교역이 중요하다는 건 이제 알겠어요. 그런데 교역이 선행도 아닌데 인간다운 행동이라고까지….

제가 말하는 인간다움이란 좀 다른 의미예요. 교역이 인간과 뗄 수 없을 만큼 중요하고 심지어 인간이 교역을 하는 게 당연하기까지 하다는 뜻입니다. 이 말뜻을 이해하기 위해 이번에는 먼 옛날 인류가 했던 초기 교역 사례 몇 가지를 함께 살펴보려고 합니다. 가장 먼저 대답해야 할 질문은 현생 인류가 어떻게 출발했냐는 겁니다.

교역 이야기를 하신다더니 갑자기 인류의 기원이요…?

태초부터 교역하는 인간이었다

우리의 직계 조상인 호모 사피엔스가 생존할 수 있었던 비결이 다름 아닌 교역이라면 이야기가 좀 다르게 들릴까요? 지금으로부터 약 40,000년 전에 현생인류인 호모 사피엔스가 네안데르탈인과 생존을 놓고 경쟁한 끝에 살아남았다는 이야기는 들어본 적 있을 겁니다.

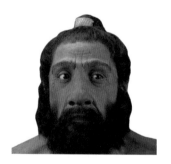

신체적으로나 지적으로 호모 사피엔스에게 뒤지지 않았던 네안데르탈인의 모습. 이들 사이에는 어떤 결정적 차이가 있었을까?

두 종족은 많은 면에서 비슷했지만, 네안데르탈인이 호모 사피엔스보다 신체적으로 더 강했고 뇌 용량 역시 컸다고 해요. 발달한 두뇌 덕분인지 이들은 불이나 도구를 사용하는 것은 물론, 나름의 풍습과 의례까지 있었다고 알려져 있습니다. 만약 두 종이 일대일로 맞붙었다면 아마도 높은 확률로 네안데르탈인이 이겼을 겁니다.

똑똑하고 힘도 셌는데 왜 멸종했을까요? 희한하네요.

많은 사람이 같은 의문을 품었습니다. 여전히 해결되지 않은 수수께끼라 여러 가지 추측이 제기되고 있어요. 현생인류가 개발한 도구가 더 우월했다는 이론부터 빙하기가 찾아왔을 때 더 잘 대처한 덕분이라고 보는 가설까지 다양합니다. 심지어 호모 사피엔스가 네안데르탈인을 잡아먹었다고 주장하는 사람도 있고요.

마지막 가설은 사실이 아니었으면 좋겠네요.

하하, 좀 꺼림칙한가요? 여러 가설 중에서도 유독 경제학자들의 주목을 받은 가설이 있습니다. 다름 아닌 광범위한 교역이 현생인류가 네안데르탈인을 이기고 살아남을 수 있었던 비결이라는 거죠. 이 가설을 뒷받침하는 고고학적 증거가 여럿 발견되면서 인류가 적어도 수만 년 전부터 교역해왔다는 사실이 드러났어요. 내륙에서 조개껍데기가 발견되거나 발굴 지역에서 생산되지 않는 암석으로 만든 연장이 발견되기도 했습니다.

그 옛날 인류가 교역을 했다니 신기하네요.

그뿐만이 아니에요. 학자들은 이때부터 인류가 교역을 염두에 두고 주거지별로 서로 다른 식량을 생산했다는 사실을 알아냈습니다. 오늘날 지역별로 특산품이 있는 것처럼 구석기시대 사람들도 '이 지역은 이 식량을 주로 생산한다'는 나름의 규칙을 공유하면서 교류했던 거예요.

그런 규칙까지 있을 정도였다면 교역이 정말 활발했나 본데요?

맞습니다. 이미 효율적인 삶의 방식을 알고 있었던 거죠. 자신의 거주지에서 얻기 어려운 것들을 억지로 생산하느라 애쓰기보다 각자 자신 있는 것을 집중적으로 생산하면서 교환하는 편이 훨씬 더 생존에 유리할 테니까요.

부지런히 교역한 덕택에 인류는 다양한 종류의 식량을 섭취할 수 있었습니다. 자연스럽게 영양 상태가 나아졌고 두뇌도 더 발달했죠. 이게 네안데르탈인과의 생존 경쟁에서 강점으로 작용했을 겁니다.

반면에 네안데르탈인은 주로 자급자족했던 걸로 보입니다. 이들은 친족 단위로 무리 지어 살기는 했지만, 다른 집단과 교역한 흔적은 거의 없거든요.

네안데르탈인은 하지 못한 교역을 왜 우리만 할 수 있었을까요? 호모 사피엔스에게만 교역 DNA가 따로 있던 것도 아닐 텐데….

그 질문에는 누구도 확실한 정답을 주지 못할 겁니다. 이 시대에 관한 이야기는 대부분 가설이기 때문에 신빙성을 장담할 수 없죠. 하지만 한 가지 분명한 건, 인류가 정말 오랜 시간 교역을 통해 다양한 이익을 누려왔다는 사실입니다. 여기서 중요한 메시지 하나를 읽어낼 수 있는데요, 바로 사회성이야말로 생존과 번영의 핵심 요인이라는 겁니다.

마침내 사회적 동물이 살아남다

사회성이요? 사회성 없는 사람도 거래는 할 수 있지 않나요?

여기서 사회성이란 단순히 사교적인 성격을 말하는 게 아니에요. 잠시 머릿속으로 두 사람이 만나 거래하는 모습을 떠올려볼까요?

이 사람들은 상대방을 꺾고 승리를 차지하려는 게 아닙니다. 오히려 서로가 필요해요. 각자 가진 자원을 하나씩 내어줌으로써 서로 효용을 높일 수 있기 때문입니다. 서로 주고받으며 비슷한 크기의 이익을 얻는 교역은 그 자체로 사회적인 행위입니다. 교역 덕분에 호모 사피엔스가 네안데르탈인과의 경쟁에서 생존한 거라면 그건 곧 '사회성의 승리'라는 해석을 할 수 있지 않을까요?

당연하지만 현대의 교역도 마찬가지입니다. 장거리 배송이든 편의점에서 간식을 하나 사 먹는 일이든 교역의 본질은 변하지 않았어요. 뉴스에서는 당장 심각한 문제인 무역전쟁, 관세 폭탄처럼 갈등에 주목하게 되니 대개는 교역을 국가 간 힘겨루기 정도로만 여기는 것 같습니다. 조금 안타깝죠.

저도 그렇게 생각했던 것 같아요. 어떤 때는 괜한 자존심 싸움처럼 보이더라고요.

그런 면도 있지만 인류가 교역을 통해 주거니 받거니 하며 협력하고 믿음을 쌓아온 것 또한 사실입니다. 거주지별로 생산 품목을 달리했던 선사시대부터 외국산 석유에 기대 살아가는 오늘날까지 변함없이 이어진 일이죠. 오래전부터 서로 도와야만 살 수 있는 사회로 진화해온 겁니다. 아무도 이렇게 살아야 한다고 명령하진 않았지만, 무엇이 더 좋은지 자연스럽게 체득한 결과가 아닐까요?

그러고 보니 인간을 사회적 동물이라고 하잖아요. 교역을 하는 게 오히려 당연했나 봐요.

반대로 교역을 하면서 점차 사회적 동물로 진화해온 걸지도 모르죠. 자급자족할 때와 달리 교역을 하면서부터 인간은 끊임없이 다른 사람과의 관계, 사회라는 거대한 그물망 안에서 자신의 역할을 찾아갔으니까요. 서로 말도 안 통하고 공통의 규칙도 없던 그 옛날부터 말입니다.

근데 궁금해요. 제대로 된 문자도 없었을 시절에 사람들은 대체 어떻게 교역을 한 걸까요?

소리 없는 교역은 신뢰를 싣고

답을 드리기 전에 일단 이런 상황을 상상해보죠. 만약 여러분이 국제 무역회사에 갓 입사한 신입사원이라고 칩시다. 그런데 못된 상사 하나가 갑자기 네팔행 비행기표를 주면서 자기 대신 회사를 먹여 살릴 거래를 따오라고 하는 거예요. 여러분은 네팔어를 한마디도 할 줄 모르고 번역 기계나 통역사의 도움도 전혀 받을 수 없어요. 이 난처한 상황에 어떻게 대처할 수 있을까요?

참 난감하네요. 몸짓, 손짓, 발짓이라도 동원해보지 않을까요?

초기 인류의 교역 역시 비슷했어요. 원시 사회의 부족들은 각기 다른 언어를 사용한 데다 교역 상대가 믿을 만한지 전혀 알 길이 없었습니다. 그래서 이들이 선택한 방식이 요즘 대세인 '비대면'이었습니다.

인터넷도 없었을 때인데 비대면 교역을 했다고요?

이런 식이에요. 먼저 한 부족이 자신들이 교환하고 싶은 물건을 정해진 장소에 놓고 돌아갑니다. 잠시 후에 반대편 부족이 슬그머니 와서 물건을 살펴보죠. 이쪽저쪽 꼼꼼히 확인하고 그것이 지닌 가치를 가늠한 후 자신들이 바꾸고자 하는 물건을 원래 놓여 있던 물건 옆에 두고 돌아갑니다.

그러면 먼저 왔던 부족이 돌아와 상대방이 놓고 간 물건을 다시 찬찬히 살펴보겠죠. 이때 상대가 놓고 간 물건이 만족스러우면 그걸 가지고 돌아가고, 영 마음에 차지 않는다 싶으면 자기 물건을 가지고 돌아가거나 물건의 양을 덜어냅니다.

양측이 모두 만족할 때까지 이 과정을 반복해요. 그러면서 서서히 의견 차이가 좁혀지고 물건의 대략적인 가치가 결정되었겠지요. 이렇게 행해진 교역을 양자 간 협상이 소리 없이 이루어진다 해서 **침묵교역**이라고 해요.

원시 인류라고 해서 조금 무시했는데 솔직히 저보다 더 똑똑한 것 같아요. 기발한 방식이네요.

지금 우리가 보기에도 제법 그럴듯하죠. 하지만 그 과정이 절대 만만하진 않았습니다. 침묵교역을 하는 현장에 있다고 상상해보세요. 거래 상대는 말이 안 통하는 낯선 사람입니다. 항상 예상치 못한 공격을 받을 가능성을 감수해야 했죠.

얼마나 긴장감 넘치는 상황이었을지 피그미족의 사례를 들어볼까요. 지금도 중앙아프리카 열대우림 지역에서 수렵하며 살아가는 피그미족은 근처에서 농경 생활을 하는 반투족과 오랫동안 적대 관계였습니다. 하지만 자신들이 사냥한 동물과 반투족이 수확한 곡식을 교환하기 위해 침묵교역을 했어요. 자칫 수틀렸다간 교역이 부족 간 전쟁으로 번지고 말 일촉즉발의 상황을 수십 수백 번 겪었겠죠.

피그미라는 이름은 성인 평균 신장이 150cm 이하인 부족민들을 고대 그리스 신화에 등장하는 난쟁이족에 빗대 부른 데서 유래했다.

진짜로 목숨 건 거래군요.

초기 교역 과정에는 항상 충돌과 전쟁의 위험이 도사리고 있었어요. 이를 극복하기 위한 인류의 노력으로 교역의 방식 역시 조금씩 진화했습니다. 예컨대 교역이 지속될 수 있도록 전쟁 금지 규약을 맺는다거나 하면서요. 이런 안전장치에 힘입어 사람들 간에 어느 정도 신뢰가 쌓이면 직접 만나서 교역하기도 하고, 더 멀리까지 장거리 교역을 하기도 했습니다. 최초의 침묵교역부터 조금씩 신뢰를 쌓아온 덕에 오늘날까지 교역이 이어질 수 있었던 거죠.

앞서 어음에 대한 이야기를 들을 때부터 생각한 건데, 신뢰라는 게 교역에 참 중요한 요소인 것 같아요. 서로를 잘 알지 못하는 옛날에는 더 그랬을 것 같고요.

독일의 사회학자 막스 베버는 침묵교역이야말로 우애로 이루어진 공동체가 뭔지 보여준다고 했어요. 교역을 하며 신뢰를 쌓고 함께 번영을 누리는 모습에서 공동체적 가치를 발견한 겁니다. 이렇듯 기원을 따라가면 교역은 전쟁의 논리가 아니라 신뢰와 협력의 논리를 따르면서 시작됐다는 사실을 알게 됩니다. 여러분도 한번 상상해보세요. 서로를 두려워하던 두 부족이 믿음직한 교역 상대로 서로를 받아들이는 그 순간을 말입니다.

1769년 그림. 뉴질랜드의 마오리족과 유럽인이 닭새우와 옷감을 교환하고 있다.

교역이 있는 곳에 도시가 생기다

시간이 흘러 신석기시대에 접어들면 인류는 농경과 함께 정착 생활을 시작합니다. 괭이나 낫 같은 새로운 생산 도구를 개발하는가하면 생산력을 크게 높인 소나 말 등 가축의 힘으로 움직이는 쟁기 경작을 도입하기도 했어요. 확 늘어난 잉여생산물이 다른 지역과 교역하는 데 쓰이면서 교역량도 늘었습니다.

흥미로운 건 교역이 활발히 이루어지는 곳에서 인류 최초의 도시가 등장했다는 사실입니다. 오른쪽 사진을 보세요. 깎아지른 흙벽과 복잡한 비탈길이 절경을 이루는 이곳은 가장 오래된 도시 예리코입니다. 기원전 9000년 무렵 등장했어요. 현재는 팔레스타인에 위치하고 있습니다.

인류 최초의 도시치고는 척박해 보이네요. 농사가 잘되는 비옥한 땅이 있을 줄 알았는데요.

그렇죠? 보통은 농경이 시작되면서 도시가 등장했다고만 배우죠. 하지만 도시의 발달은 교역과 관련이 깊습니다. 예리코가 최초의 도시로 성장한 것도 이곳이 아주 특별한 상품이 거래되는 교역의

성경 속에서 예리코는 이스라엘 병사들이 지르는 고함에 성벽이 무너졌다고 한다. 우리말 성경에는 '여리고'라는 이름의 도시로 등장한다.

거점이었기 때문이에요. 최초의 도시를 탄생시킨 주인공은 매끼 여러분의 식탁을 풍성하게 만들어주는 조미료, 바로 소금입니다.

소금 때문에 도시가 발달했다고요?

네, 원시사회에선 보통 수렵으로 먹을 것을 구했으니까 사람들이 필요한 염분을 육류에서 보충할 수 있었어요. 하지만 농경 생활을 시작한 이후론 밍밍한 곡식과 채소 위주로 식생활이 바뀌었습니다. 소금을 따로 구해 섭취해야만 했죠. 이 점이 예리코에 아주 유리하게 작용했습니다. 예리코는 거대한 소금 호수인 사해 근처에 있거든요.

요르단과 이스라엘, 팔레스타인 사이에 형성된 사해의 모습. 사해 바로 위쪽에 예리코가 있다.

사해에 형성된 거대한
소금 기둥

어떻게 이런 소금 호수가 만들어졌는지는 왼쪽 페이지 아래 지도
에서 확인할 수 있어요. 요르단에서 흘러온 강물이 이스라엘 땅에
가로막혀 지중해로 빠져나가지 못하고 증발하면 엄청난 양의 소
금이 생깁니다. 염분 때문에 생물이 살지 못한다 해서 죽을 사死
자를 써 사해라는 이름이 붙었죠.

예리코 사람들은 운이 참 좋았네요. 가만히 있어도 소금이 생성되
는 호수라니.

소금이 필요했던 주변 지역 사람들이 하나둘 사해 근처 예리코로
모여들었어요. 각종 물자가 소금과 교환되면서 이 지역에는 점점 많
은 부가 쌓여갔고 공동체 규모도 빠르게 커졌죠. 그렇게 인류 최초
의 도시가 모습을 드러냈습니다.

다른 고대 도시들의 등장도 교역과 관련이 깊어요. 예리코보다 조금 늦게 지금의 터키 지방에서 발달한 도시 차탈회위크 역시 흑요석이라는 지역 특산품의 무역으로 번성했죠.

다양한 용도로 사용되었던 흑요석 역시 초기 도시의 탄생과 관련이 깊다.

흑요석은 유리 광택이 나는 화산암인데, 절단면이 날카로워 곡물을 수확하거나 짐승의 가죽을 벗길 때, 또는 굴을 까는 용도로 쓰였습니다. 차탈회위크 사람들은 흑요석을 나무로 된 도구, 조개껍데기, 곡식 등 다른 지역 특산물과 교환했어요.

흑요석이 좋긴 해도 그것만 파먹고 살 순 없으니 이것저것 다른 상품들이랑 바꿨군요.

희귀한 자원을 사고팔면서 성장한 도시들은 치열한 경쟁을 벌인 끝에 넓은 영토를 다스리는 국가로 성장합니다. 큰 나라를 효율적으로 다스리기 위한 법률과 관료제, 문자 등이 발명되는 등 변화의 바람이 문명의 탄생을 예고하고 있었죠. 도시가 등장한 지 대략 5,000년에서 7,000년 만의 일이었습니다.

최초의 문명은 어떻게 성장했나

인류 문명의 발상지, 이른바 4대 문명 중 첫 출발을 알린 건 티그리스강과 유프라테스강 사이에 뿌리내린 메소포타미아 문명입니다. 아래 지도에 초록색으로 칠해진 부분이 '비옥한 초승달'이라고 불리는 지역이죠.

이 지역의 가장 남쪽에 자리 잡은 수메르 문명은 비옥한 땅과 농경에 적합한 환경 덕분에 문명의 중심지로서 일찍 두각을 드러냈습니다. 기원전 3000년 즈음에 이미 도시당 인구가 10,000명이 넘었고 가장 부흥한 도시에는 50,000명이 넘는 사람이 살았다고 해

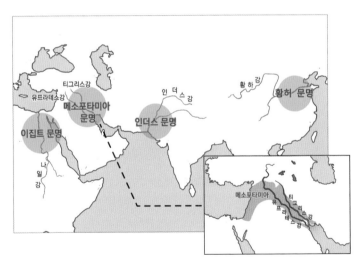

인류 문명의 발상지로 알려진 4대 문명

요. 인구가 10,000명이 채 되지 않았던 예리코나 차탈회위크에 비하면 규모가 매우 크고 훨씬 도시화된 곳이었죠.

그런데 농경지만으로 거대한 문명이 꽃피웠다고 보긴 힘듭니다. 여러 도시를 연결하는 교역의 힘 또한 빌려야 했죠.

농사가 잘됐는데도 교역이 필요했나요?

도시를 건설하려면 식량 말고도 필요한 것이 많지요. 건물을 지으려면 대형 목재나 석재가 있어야 하고 도시를 지켜야 하니 무기를 만들 금속도 필요합니다. 이후에 등장한 이집트 문명만 해도 근처에 채석장이 있었어요. 하지만 수메르 지역에서 나오는 자원은 기껏해야 곡물과 모직물이 다였습니다. 도시 건설에 필수인 자원은 거의 없다시피 했죠. 그러니 반드시 남는 생산물을 금속이나 건축 재료 등과 교역해야 했습니다.

결국 수메르인들은 수많은 육로와 해로를 뚫어 교역을 성사시켰어요. 차탈회위크가 있던 아나톨리아 지역에서 가져온 구리로 도구와 무기를 만들었고, 지중해 인근 지역에서 가져온 목재로 건물을 지었습니다. 곳곳에서 흘러온 주석은 구리와 함께 녹여 청동기가 됐죠. 다음 페이지 지도를 보세요.

정말 멀리까지 교역을 했네요.

수메르인들은 유럽과 아프리카 대륙까지 사방으로 교역로를 구축해 목재, 구리, 주석 등 제국에 필요한 물자를 조달했다.

이 교역로는 인더스 문명과도 연결돼 있었습니다. 인더스강 유역에서 많이 쓰이던 돌로 만든 인장이 수메르에서 발견되면서 증명된 사실이죠.

우연히 비슷한 인장을 만든 걸 수도 있잖아요.

고대에는 주로 상인들이 도장을 사용했어요. 상인마다 서로 다른 도장을 사용해 자신이 파는 물건 품질을 보증하는 문화가 있었거든요. 그러니 인더스강 유역에서 쓰이던 도장이 메소포타미아에서 발견됐다는 건 인더스와 메소포타미아를 잇는 상인들이 있었

수메르 문명의 도시 우르에서 발굴된 유물. 기원전 2600~2400년 전. 왕이 개최한 향연을 묘사한 것으로, 멀리서 공물을 가져오는 사람들의 모습이 보인다.

다는 뜻입니다. 인더스 문명보다 가까운 이집트 문명과도 당연히 영향을 주고받았고요. 한반도엔 아직 고조선이 세워지기 수천 년 전부터 고대 문명 세 곳이 교역으로 연결돼 있었던 거죠.

그렇게 오래 전부터 대륙을 넘나들면서 교역을 했던 거예요? 이건 좀 놀라운데요.

그렇습니다. 최초의 도시, 최초의 문명이 발달하는 곳에 언제나 교역이 있었다는 사실이 참 흥미롭지 않나요? 교역은 인류가 자신에게 주어진 한계를 극복하고 찬란한 문명을 꽃피우게 한 원동력

인더스 문명과 수메르 문명이 교역을 했다는 증거인 인장. 점토판 위에 찍어 사용했다.

이었어요. 찬란한 결과를 얻기까지 과정은 상상하기 힘들 정도의 역경으로 가득했지만요.

인류, 교역에 목숨을 걸다

앞서 메소포타미아, 인더스, 이집트 문명을 한 차례씩 언급했습니다. 4대 문명 중 빠뜨린 문명 하나가 있는데, 어디인지 아시나요?

음… 중국에 하나 있지 않나요?

잘 알고 있네요. 바로 황허 문명입니다. 다른 세 문명은 비교적 가까운 위치에서 발생했지만 황허 문명의 발상지는 한참 떨어져 있죠. 그래서 교역의 역사가 더욱 험난했습니다.
요즘에야 무역이 굉장히 빠르고 체계적인 방식으로 이루어지지만, 이게 가능해진 건 길게 잡아도 한두 세기 정도입니다. 인류는 아주 최근까지도 목숨을 건 교역을 해왔어요. 일부 상인들의 영웅적 노력에 기대왔죠.

교역하는 데 영웅적 노력까지 필요했나요?

그만큼 고되고 위험한 일이었으니까요. 고대부터 세계적으로 가장 인기 있었던 교역품은 중국, 그러니까 한나라에서 만들어진 부드러운 비단이었습니다. 그 인기는 저 멀리 유럽의 로마 제국에서 시작됐죠.

기원전 1세기 내전이 종식되고 제국이 들어서자 로마에는 정치적 안정기가 찾아왔습니다. 첫 번째 황제 아우구스투스는 전쟁을 치르며 사방으로 영토를 확장했어요. 그 과정에서 동양의 향신료나 귀금속 등이 로마에 들어와 큰 인기를 끌게 돼요. 특히 귀족들은 한나라에서만 생산되는 비단의 부드러운 촉감과 아름다운 색감에 홀딱 빠져버렸습니다. 상상해보세요. 까슬까슬한 양모나 잘 구겨지는 리넨, 무거운 동물 가죽 정도만 걸치던 로마 사람들이 가볍고 부드러운 비단을 처음 만지던 순간을 말입니다. 비단의 인기가 얼

1세기경 그려진 로마의 벽화. 술의 신 디오니소스를 모시는 사제가 비단으로 만든 드레스를 입고 있다.

기원전부터 동아시아와 중앙아시아, 유럽을 이어준 실크로드.

마나 뜨거웠는지 이때부터 유럽과 아시아를 잇는 장거리 무역로
가 본격적으로 개척되기 시작해요.

아, 그게 역사 시간에 배웠던 실크로드, 그러니까 비단길이군요?

그렇습니다. 지금은 비행기를 타면 하루가 채 걸리지 않는 길이지만,
당시에는 위 지도에서처럼 복잡한 길을 따라 수개월 동안 이동해
야 했어요.

그렇게 복잡해 보이지 않는데요. 길 따라 쭉 가면 되는 거 아닌가요?

과연 그럴까요? 실크로드는 우리 상상처럼 잘 닦인 길이 아닙니
다. 지도에는 부드럽게 이어지는 하나의 선처럼 그려졌지만 정확

히는 여러 점의 집합이에요. 길목 군데군데 세운 거점들이 연결돼 실크로드가 됐던 거죠. 상인 한 명이 처음부터 끝까지 이동하는 게 불가능할 정도로 멀고 험한 길이다 보니, 곳곳에 만들어진 터전을 따라 사람들의 손과 손을 거치며 릴레이 방식으로 교역이 이루어졌습니다.

저도 모르게 고속도로같이 쭉 이어지는 길을 생각했는데 그게 아닌가 보네요.

실크로드 하면 흔히 낙타가 한가롭게 사막을 건너는 모습을 떠올리죠. 실상은 그렇지 않았습니다. 실크로드 곳곳에 거칠고 험난한 산과 초원, 사막이 있었어요. 사막에 세워진 도시들은 오아시스 주변으로 발달했는데, 오아시스의 물이 마르기라도 하면 목숨마저 위태로웠습니다. 갑자기 몰아치는 모래 폭풍으로 인해 도시 전체가 파묻혀버릴 때도 있었고요. 게다가 언제든 도적떼에게 공격당할 위험까지 있었으니 상인이 실크로드를 넘는다는 건 사실상 죽을 각오를 해야 하는 일이었습니다. 실크로드의 일부인 타클라마칸 사막은 위구르어로 '한번 들어가면 다시는 빠져나올 수 없는 곳'이라는 뜻입니다. 얼마나 길고 힘든 여정이었을지 짐작이 가지요.

먹고사는 게 항상 힘들다고는 하지만 이때 비단 장사하는 사람들은 정말 죽을 고생을 했군요.

중국 신장 위구르 자치구 타클라마칸 사막. 모래언덕이 바람에 밀려 이동하기 때문에 예로부터 건널 수 없는 사막으로 악명 높았다.

잘 알려진 사막길이 아니라 바닷길로 이동하는 방법이 있긴 했지만, 이 역시 만만치 않았습니다. 당시 사람들이 이용했던 바닷길이 다음 페이지 그림에 나와 있습니다. 선박이 중국 광저우의 항구에서 출발해 동남아시아를 거쳐 스리랑카, 인도, 홍해와 이집트의 도시 알렉산드리아를 차례로 지나고 마지막으로 지중해까지 건너야 겨우 로마에 도착할 수 있었습니다. 계절풍의 도움을 받아 빠르게 이동한다 해도 최소 18개월이 걸렸다고 해요. 바닷길 역시 릴레이 방식의 무역이었고요.

그래도 낙타를 타고 사막을 건너는 것보다는 배를 타고 바다를 건너는 게 수월했을 것 같은데요.

해로가 육로보다는 안전하고 신속했지만 그것도 상대적인 이야기일 뿐이에요. 폭풍이나 해적, 질병으로부터 자유로운 배는 단 한척도 없었습니다. 고된 항해를 견디지 못한 선원들이 선상 반란을 일으키는 일도 비일비재했어요. 배를 탄 상인들은 어제의 동료가 내일의 적이 될지 모른다는 두려움과 타는 듯한 더위, 심각한 위생 상태, 언제 밀어닥칠지 모르는 폭풍우의 위협까지 참아내야 했습니다.

이 모든 시련을 이겨내고 목표한 곳에 도착하더라도 가격이라는 마지막 관문이 있었습니다. 변덕스러운 시장 상황 때문에 물건값조차 제대로 받지 못하는 낭패를 보기 일쑤였거든요.

그 고생을 했는데 제값도 못 받는다면 너무 허탈했겠어요. 왜 이렇게 큰 위험을 감수해가며 굳이 교역을 하려 했을까요?

간단합니다. 성공하기만 하면 큰돈을 손에 쥘 수 있었거든요. 당시로마 황제가 발표한 칙령에 따르면 흰 비단 가격은 1파운드, 그러니까 약 450그램당 1만 2,000데나리우스였다고 해요. 이는 평범한 사람이 500일가량 일해야 겨우 벌 수 있는 거금이었죠.

오늘날로 따지면 위험하지만 수익률이 높은 투자 상품 같은 거군요. 예나 지금이나 똑같이 '한탕 심리'라는 게 존재했나 봐요.

개인의 의도는 그랬을 수 있지만, 위험을 무릅쓰고 교역에 뛰어든 소수의 사람들이 있었기에 결과적으로 국제적인 교역로가 탄생했죠. 1~3세기에 이미 유럽과 아시아, 그 사이 아프리카 대륙을 연결하는 거대한 대륙 간 교역로가 개척된 거예요. 이 길은 오랫동안 각지를 잇는 연결망이자 동서 문화 교류의 상징이었으며 길목에 자리 잡은 유라시아 국가들에는 부와 국력의 원천이 됐습니다.

확실히 교역이 활발해야 돈이 들어오고 이득이 되나 봐요.

옛날에만 그랬던 게 아니라 현대에도 마찬가지예요. 그래서 세계 각국이 무역에 유리한 입지를 차지하려 부단히 애를 쓰는 거지요. 갈등과 잡음이 끊일 새가 없습니다.

21세기 실크로드를 둘러싼 갈등

예를 들어 2013년부터 중국 정부가 추진해온 **일대일로**一帶一路 정책이 있습니다. 고대 실크로드를 재탄생시키겠다는 아이디어로 중국과 동남아시아, 중앙아시아, 아프리카, 유럽 대륙을 잇는 거대한 무역망을 구축하려는 시도입니다. 실크로드를 타고 세계 무역을 선도했던 과거의 영광을 되찾겠다는 포부를 담고 있어 신新실크로드 전략이라고도 불리죠.

군이 다시 실크로드를 만들 필요가 있나요? 이미 길은 다 뚫려 있잖아요. 비행기도 다닐 수 있고요.

단순히 물자가 오가는 교통로를 만들려는 의도라기보단 중국을 중심으로 하는 인적·물적 네트워크를 만들려는 계획이죠. 핵심 사

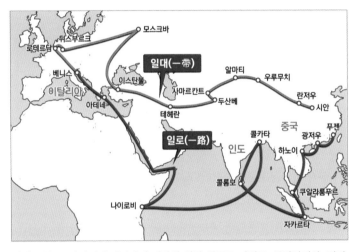

일대(一帶)는 산시성의 시안에서 시작해 신장 위구르 자치구, 중앙아시아, 터키, 독일로 이어지는 육상 실크로드고, 일로(一路)는 중국 동남부 항구도시들에서 시작해 인도네시아, 인도, 동아프리카, 그리스, 이탈리아를 잇는 해상 실크로드다.

업은 아시아와 아프리카의 저개발 국가들에 자금을 지원해 항만, 공항, 철도 등 인프라를 개발하겠다는 겁니다. 초기 성장 단계에 있는 국가들과 산업 연계를 강화해 국제적인 영향력을 넓히려는 야심을 엿볼 수 있어요. 그런데 여기에 강하게 반발하는 나라가 있으니, 바로 미국입니다. 다음 기사처럼요.

中 일대일로 견제 나선 美…"아프리카·개발도상국 5~10곳 대형 투자"

미국 정부가 중국의 일대일로 프로젝트를 견제하기 위해 세계 곳곳의 대형 인프라 프로젝트에 투자할 계획이라고 블룸버그 통신이 정부 고위 관계자의 말을 인용해 보도했다. (…) (미국 정부의 투자 프로젝트인) B3W의 출범은 '육상·해상 실크로드'를 건설하겠다며 수조 달러를 투자하는 중국의 일대일로를 견제하려는 목적이라는 평가를 받았다. 미국은 그동안 중국이 일대일로 프로젝트를 통해 개도국에서 부당한 이득을 취하고 국제 질서를 훼손한다고 비판해왔다.

—《조선비즈》 2021.11.9

미국이랑 중국이 사이가 안 좋다는 건 알았지만 그래도 남의 나라

일에 저렇게까지 반대하나요?

2018년부터 미국과 중국은 전쟁에 가까운 무역갈등을 겪고 있어요. 중국의 일대일로 행보를 보고만 있을 수 없던 미국이 내놓은 대응책이 '더 나은 세계 재건(B3W)'이라는 개발도상국 인프라 건설 사업이에요. 쉽게 말하면 일대일로보다 더 거대한 교역 네트워크를 만들려는 시도입니다.

미국과 중국이 영역 다툼을 하는 것 같기도 하네요.

전혀 틀린 말은 아니에요. 미중 무역갈등의 자세한 내막을 뒤에서 다시 살펴보겠지만, 무역망을 차지하려는 두 강대국의 경쟁 구도입니다. 이 경쟁만 봐도 오늘날 세계경제에서 교역이 어떤 의미를 갖는지 감이 올 거예요. 초기 인류인 호모 사피엔스에게 교역은 생존의 문제였지만 이제는 국가의 성패를 가르는 문제가 됐습니다. 그 중요성이 조금도 줄어들지 않았어요.

실크로드와 일대일로 이야기를 듣고 나니 역사는 반복된다는 생각이 들어요.

초기 교역의 역사는 교역이라는 행위 본연의 의미를 잘 보여줄 뿐만 아니라 오늘날 세계의 뿌리가 어디서 뻗어왔는지 말해주지요.

많은 사람이 교역에 관해 흔히 하는 오해가 산업혁명 이후인 19세기부터 교통과 통신 기술에 힘입어 본격적으로 교역이 시작됐다는 겁니다. 그런데 엄밀히 따지면 그건 사실이 아니에요.

그러네요. 이미 호모 사피엔스 때부터 해왔고 수천 년 전에도 꽤나 복잡한 교역로가 발달했으니까요.

맞습니다. 인류의 역사가 시작한 때부터 지금까지 우리는 항상 교역을 해왔어요. 예나 지금이나 교역은 서로에 대한 두려움을 극복하고 협력할 때만 성취할 수 있는, 신뢰의 결과물이죠. 그런 신뢰를 바탕으로 한 교환이 바로 교역의 본질이었습니다.

아주 먼 과거를 둘러보았으니 이제 현재로 돌아와볼까요. 교역이 어떻게 우리가 사는 세상을 나아지거나 혹은 나빠지게 만들 수 있는지, 그 안에 숨은 특별한 경제 원리를 지금부터 소개하겠습니다. 실크로드를 건너온 상인이 비단을 내다 팔던 곳이자 15세기 피렌체 상인이 영국 상인을 만나던 곳, 그리고 지금 우리가 상품을 교환하는 모든 장소인 '시장'을 주제로 한 이야기가 준비돼 있어요.

필기노트 교역하는 인간이 살아남았다 ○ ○

인류의 기원부터 지금까지 교역은 항상 우리 곁에 있었다. 인간의 생존 비결이자 도시와 문명을 발전시킨 원동력이었으며, 부와 권력을 쥘 수단이기도 했다.

인류의 생존 비결

네안데르탈인이 호모 사피엔스보다 강인하고 뇌 용량이 컸는데도, 호모 사피엔스가 살아은 된 건 교역 덕분이라는 가설.
→ 사회성의 승리.

소리 없는 교역

침묵교역 말이 통하지 않던 원시 부족들 사이에서 이루어진 교역. 한 부족이 물건을 두고 가면 다른 부족이 와서 교환.

초기 교역에는 항상 충돌과 전쟁의 위험이 있었음. 이후 교역 참여자 사이에 신뢰가 생기면서 수단과 방법이 꾸준히 발전.

도시와 문명의 시작

예리코 최초의 도시. 소금 교역의 중심지였음. 예리코 외에도 도시의 성장은 교역의 발달과 관련이 깊음.
예시 흑요석이 풍부했던 도시 차탈회위크

수메르 문명 최초의 문명인 메소포타미아 문명의 일부. 금속 등 원자재를 얻기 위해 교역로를 만듦. 참고 인더스 상인의 인장

실크로드 고대 중국 한나라와 로마를 잇는 교역로. 해로와 육로 모두 상당히 위험했음.

교역은 부와 권력을 얻기 위한 수단.
예시 중국의 일대일로, 미국의 B3W

인류가 고안한
교환 방식 세 가지

칼 폴라니는 인류의 문명사와 경제 질서의 변화에 해박한 지식을 지닌 학자입니다. 그는 수많은 인간 집단들이 물자를 주고받은 방식을 연구했어요. 방대한 연구의 결과 폴라니는 인류가 고안해낸 교환 방식을 딱 세 가지로 요약할 수 있다고 결론지었습니다.

첫째는 '호혜'입니다. 서로 베푼다는 뜻이죠. 전통 사회의 부족 간 또는 오늘날 친지간에 공물이나 선물을 주고받는 경우입니다. 둘째는 '재분배'예요. 권력자가 개입하는 방식으로, 군주 등 지도자가 세금을 징수해 필요한 곳에 사용하는 경우를 떠올릴 수 있겠죠. 마지막으로 '시장교역'은 오늘날 우리에게 가장 익숙한 방식입니다. 사람들끼리 원하는 상품이나 화폐를 시장을 통해 교환하는 일이죠.
폴라니의 연구에 대해 어떤 생각이 드시나요? 기나긴 역사를 거치며 인류가 창안한 교환 방식이 겨우 세 가지뿐이라는 사실이 새삼 놀랍지 않습니까?

시장을 통한 교환이 유일한 방식이 아니라 여러 종류 중 하나라는 점도 주목할 만합니다. 그는 시장교역의 강점을 깊이 이해했습니다. 그러나 동시에 시장교역이 지배적인 사회에서 나타나는 문제점들, 예를 들어 빈부격차나 시장 만능주의, 생태계 위기 등의 문제를 성찰하고 이를 극복할 해법을 인류사적 관점에서 모색해야 한다고 주장했어요. 마치 시장과 교역을 공부하면서 그 장점과 단점을 균형 있게 보라고 충고하는 듯합니다.

QR코드를 인식시키면 퀴즈를 풀 수 있어요.
여기까지 배운 내용을 점검해보세요!

시장은
어디에나 있다

연결된 세계가 얻은 것과 잃은 것

대항해시대가
만들어낸 풍경

대항해시대가 개막한 이후 구세계(아시아, 유럽, 아프리카)와 신세계
(남아메리카, 북아메리카)가 하나의 경제권으로 묶이게 되었습니다.
이런 통합은 어떤 변화를 초래했을까요? 19세기 북아메리카 대평
원의 풍경을 통해 살펴봅시다.

찰스 러셀 작품, 1896년. 대항해시대는 세계경제를 어떻게 변모시켰을까?

드넓은 평원에서 카우보이들이 소 떼를 몰고 있습니다. 갑자기 황소 한 마리가 무리를 벗어나 거칠게 뜀박질을 합니다. 말을 탄 카우보이들이 곧 황소를 뒤쫓습니다. 그들은 노련한 솜씨로 밧줄을 던져 황소를 포획합니다.

대항해시대 이전에도 이런 풍경이 있었을까요? 그렇지 않습니다. 소와 말은 유럽인들이 들여온 가축이고, 백인인 카우보이는 유럽에서 건너온 개척자들의 후손입니다. 대항해시대 이전에는 버펄로 떼가 뛰놀고 인디언이 버펄로를 사냥하는 풍경이었겠지요.

경제학적으로 보면 대항해시대 이후 상품의 종류, 수요자와 공급자가 모두 바뀌었다고 말할 수 있습니다. 시장이 세계적으로 통합되면서 일어난 변화죠. 이제 시장의 확대가 우리 삶을 어떻게 바꿔놓는지 함께 살펴볼까요?

교역의 확대와 시장의 생성은 인간의 본능이었다.
교환하고 거래하는 경향은 너무도 기본적이어서
말하는 능력과 함께 발전했다.

| 애덤 스미스 |

01 교환이 곧 시장이다

#시장 #가격기구 #혼합경제 #일물일가 #직구

"교역의 확대와 시장의 생성은 인간의 본능이었다". 위대한 경제학자 애덤 스미스가 남긴 말로 이번 강의를 시작해보려 합니다. 어때요, 멋진 말 아닌가요?

보통 인간의 본능이라고 하면 식욕, 성욕, 수면욕을 떠올릴 텐데 교역과 시장이라니요. 누가 경제학자 아니랄까 봐….

하하, 참으로 뼛속까지 경제학자였던 것 같습니다. 애덤 스미스가 괜히 이런 말을 남긴 게 아니에요. 잠시 사람들이 물건을 사고파는 장면을 상상해볼까요? 단순히 상품과 돈이 자리를 바꾸는 모습 같지만 눈에 보이지 않는 중요한 변화가 생깁니다. 바로 시장이 만들어지죠.

시장, 교환이 만들어낸 공간

처음 시장이라는 말을 들었을 때 어떤 장면을 떠올렸나요? 혹시 호객행위를 하며 장사하는 사람과 매대를 흘낏거리는 손님으로 북적이는 전통시장이 떠오르진 않았나요?

어떻게 아셨죠? 딱 그 장면을 생각하고 있었어요.

물론 전통시장도 중요한 시장이죠. 하지만 ○○시장이라는 이름

시장이란 남대문시장, 자갈치시장, 남부시장처럼 구체적인 장소를 지칭할 때도 쓰이지만 경제학에서는 이보다 훨씬 넓은 의미로 사용된다.

이 시장이 되기 위한 조건은 아니에요. 그렇다고 계산대나 점포, 점원이 조건인 것도 아니고요. 그냥 사람들이 만나서 자유롭게 상품을 사고팔며 교환한다면 장소가 어디든 그곳이 시장이 돼요. 생각보다 간단하죠?

시장 = 교환이 이루어지는 곳

시장이 있어야 거기서 교환을 할 수 있을 거 같은데… 반대군요.

선뜻 이해가 안 된다면 고대 도시 예리코의 시장을 예로 들어볼까요? 사람들이 모여 교환하는 모습은 큰 틀에선 지금과 비슷합니다. 시장 비슷한 것도 없던 허허벌판에 소금을 찾는 이웃들이 찾아오자 새로운 풍경이 나타나요. 소금을 사려는 사람과 팔려는 사람이 만나 상품의 품질이나 양 등 조건을 따져가며 거래를 성사시키는 거죠. 그러면 그 근방으로 작은 소금 시장이 만들어집니다.

그런 물물교환만으로도 시장이 만들어지나요? 음… 그럼 제가 안쓰는 물건을 친구랑 바꾸기만 해도 시장이 만들어지는 건가요?

그런 시장을 '중고시장'이라 부르죠. 이론상으로는 교환만 일어나면 어디든지 시장이 됩니다. 단, 물물교환의 경우 교환 당사자들이 반드시 같은 시간, 같은 공간에 있어야 하니까 제약이 큰 시장이 만들어지겠죠.

물물교환보다 쉽고 편리한 교환도 얼마든지 있습니다. 가까운 예가 신용카드죠. 당장 내 손 안에 현금이 없을 때도 미래의 돈을 끌어와 사용할 수 있으니까 시간의 제약이 줄어들면서 거래가 쉬워져요. 그래서 신용카드를 쓰지 않다가 쓰게 되면 대부분 씀씀이가 커지죠.

우습게 봤다가는 신용불량자 되기 십상이라고 하던데요.

신용카드 거래가 시간의 제약을 넘어서는 일이라면, 공간의 제약을 극복하는 거래도 있습니다. 그중에서도 국경을 넘어서는 교환을 무역이라고 부르고, 무역이 이루어지는 공간을 국제 무역시장이라고 해요. 시공간의 제약이 줄어들수록 교환은 활발해지고 시장은 점점 넓어집니다.

시장이란 게 생각보다 별 게 아니네요. 무역이든 교환이든 본질은 같군요.

신용카드는 교환을 쉽고 편리하게 만들어준다.

시장을 움직이는 진짜 큰손

이때 교환이 무작위로 일어나는 게 아니라 나름의 질서를 따른다는 게 중요합니다. 말로 설명하면 오히려 복잡해지니까 한눈에 볼 수 있는 그래프로 설명할게요. 아래 그래프를 보세요. 낯이 익지 않나요?

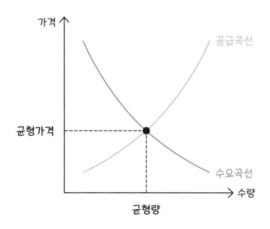

수요 공급 곡선 아닌가요?

맞습니다. 강의에서 그래프는 가급적 사용하지 않을 생각입니다만, 시장을 이해하는 데 가장 기초가 되는 유용한 내용이라 간단히 설명하고 넘어갈게요.

수요 공급 곡선은 시장에서 상품을 사고자 하는 '수요'와 상품을 팔고자 하는 '공급'이 서로 영향을 미치면서 가격이 결정되는 원리, 즉 **수요 공급의 법칙**을 보여줍니다. 시장에서의 교환은 대부분 이 법칙에 따라 이루어지죠. 소비자와 생산자가 각자 이해에 맞게 거래했을 때 나타나는 자연스러운 시장질서입니다. 혹시 수요 공급의 법칙이 어떤 내용인지 기억하시나요?

두 곡선이 만나는 점에서 가격이 결정된다는 건 알겠어요.

네, 그래프를 보면 그때의 가격이 균형가격이라고 적혀 있죠. 이 그래프의 핵심은 가격이 얼마인지가 아니라 서로 다른 곡선이 결국 하나의 가격에서 만난다는 거예요. 수요와 공급이 만나 교환이 이루어질 수 있는 거죠.

구체적으로 곡선이 어떻게 만들어지는지 봅시다. 수요곡선은 가격이 낮아질수록 수요량이 커지고, 반대로 공급곡선은 가격이 높아질수록 공급량이 커집니다. 어렵게 생각할 거 없이 우리의 평소 소비생활을 떠올려보면 돼요. 같은 상품을 두고도 사는 사람은 가급적 싼값에 사기를 원하고, 파는 사람은 비싼 값에 팔기를 원하잖아요. 그래야만 자신이 들인 비용 대비 큰 효용을 얻을 수 있을 테니까 말이죠. 생산자이건 소비자이건 간에 효용이 비용보다 크기를 바란다는 사실이 바로 수요 공급의 법칙의 출발점입니다.

효용 > 비용
⇒ 이득!

효용 < 비용
⇒ 손해…

비용이 더 크기를 바라는 사람은 없을 테니까… 정말 당연한 사실이네요.

그런데 이 당연한 사실 때문에 가격은 소비자와 생산자에게 정반대 의미를 갖습니다. 소비자에게 가격은 내야 할 비용을 의미하고, 생산자에게는 수익을 가져오는 효용이 되죠. 누구나 효용이 비용보다 크길 원하니까, 소비자는 효용이 가격보다 클 때 소비를 결심합니다. 반대로 생산자는 가격이 생산에 들어가는 비용보다 클 때 생산을 결심하고요. 두 가지 조건이 다 충족되어야만 비로소 거래가 성사되는 거예요.

소비자 : 효용 > 가격 ⇒ 소비 결정

생산자 : 가격 > 비용 ⇒ 생산 결정

당연한 얘기라고 생각했는데 듣다 보니 복잡하네요. 양쪽의 조건을 모두 만족시키는 게 관건이겠군요.

복잡하게 생각할 거 없어요. 생산자와 소비자가 자신의 효용을 가장 크게 만들고 싶다는 당연한 원리에 따라 행동하면 자연스럽게 양쪽 모두를 만족시키는 **균형가격**과 균형량이 만들어져요. 이때 가격이 마치 균형을 찾는 기구처럼 돌아간다 해서 **가격기구**라고도 부릅니다. 우리가 시장에서 거래하는 대부분 상품은 가격기구를 통해 균형가격을 찾은 것들이죠.

누가 조종하는 것도 아닌데 자연스럽게 균형을 찾는다는 게 신기해요.

수요와 공급이 만나는 점에서 결정된다는 것 외에도 균형가격의 결정 과정이 갖는 의미가 또 있어요. 균형가격이 아니었다가도 결국 균형가격으로 수렴하는 경향이 있다는 점입니다.

균형가격으로 수렴한다는 게 무슨 뜻이죠?

커피 가격을 예로 들어 균형가격을 찾아가는 구체적인 과정을 살펴볼게요. 우리나라 시장에서 아이스 아메리카노 한 잔이 3,000원일 때 시간당 수요량은 500만 잔이고 공급량은 100만 잔이라고 가정해보조. 수요량이 공급량보다 많은 **초과수요**가 생긴 겁니다. 이유는 아이스 아메리카노 가격이 균형가격보다 싸기 때문이에요. 가격이 지나치게 저렴하니까 소비자는 기꺼이 커피를 마시려고 하고 생산자는 판매 의욕이 떨어지는 거죠.

참다못한 생산자들이 너도나도 아이스 아메리카노 가격을 4,000 원으로 올리겠죠. 그러자 공급량과 수요량이 모두 300만 잔으로 같아져요. 즉, 이 시장에서는 4,000원이 아이스 아메리카노의 균형가격인 겁니다. 이때는 수요량과 공급량 중 어느 한쪽이 과하거나 부족하지 않으니까 가격이 달라지지 않아요. 아래 그래프를 보시면 3,000원일 때는 초과 수요가 생기지만 4,000원일 때는 두 곡선이 딱 만나면서 균형가격을 찾은 모습입니다. 이처럼 수요자와 공급자, 두 입장을 모두 만족시키는 적정한 균형가격을 찾아 자원을 배분하는 일이 시장의 가장 핵심적인 기능입니다.

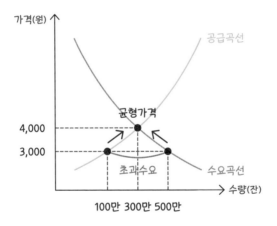

그럼 거꾸로 아이스 아메리카노 가격이 균형가격보다 비싸면 어떻게 되나요? 가격이 5,000원이면 균형가격이 깨지는 거 아닌가요?

가격을 억지로 그 정도까지 올렸다고 가정해봅시다. 가격이 오른 만큼 커피를 공급하려는 사람이 많아질 테니 커피 공급량은 500만 잔까지 늘어날 거예요. 하지만 비싸진 가격 탓에 커피를 사 마시려는 수요는 시간당 300만 잔에서 점점 줄어들겠죠. 커피 공급자가 기존 판매량의 3분의 1 정도인 100만 잔밖에 팔지 못하는 지경이 되면 커피가 되지 못한 원두가 창고에 한가득 쌓일 겁니다. 수요량보다 공급량이 많은 **초과공급** 상태입니다.

이제 카페 주인은 원두를 썩게 내버려 두느니 가격을 내려서라도 처분하려 할 거예요. 소비자는 가격이 내려야 다시 커피를 찾을 거고요. 이 과정을 통해 자연스럽게 커피 가격은 균형가격인 4,000원으로 돌아오게 됩니다.

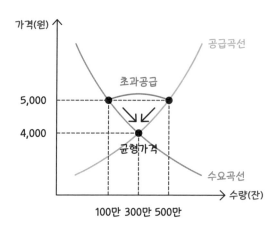

인위적으로 가격을 올려도 결국 균형가격으로 돌아오는군요. 4,000원이 적당한 가격이라는 증거인가 봐요.

맞아요. 물론 현실에서는 계산이 훨씬 복잡해집니다. 점포마다 임대료도 다르고, 드립 커피 전문점인지 포장 커피 전문점인지에 따라 설사 같은 아이스 아메리카노라는 이름으로 팔더라도 똑같은 종류의 상품이 아니니까요. 다만 이런 복잡한 조건을 제외하고 단순화시켜 본다면 시장에서의 상품 가격이 소비자와 생산자 모두를 만족시키는 방향으로 적절히 움직이는 모습을 확인할 수 있어요. 일시적으로 균형이 깨지더라도 결국 균형가격으로 수렴하는 경향을 보이지요.

균형가격이 바뀌는 순간

커피 사례처럼 가격이 오르내림에 따라 수요량과 공급량이 바뀔
수도 있지만, 가격 외의 요인이 영향을 미쳐 균형가격을 바꿔놓기
도 합니다. 그래프로 이야기하자면 곡선 자체가 이동하는 상황입
니다. 아래 그래프를 보시면 시장의 수요 자체가 늘어나 수요곡선
이 (1)에서 (2)로 이동하며 균형가격이 올라가죠.

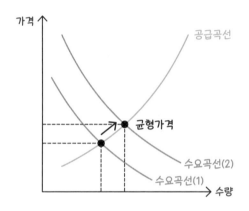

반대로 생산자의 수가 늘어날 때는 오른쪽 그래프처럼 공급곡선
이 (1)에서 (2)로 움직이며 균형가격이 낮아집니다.

그래프로만 설명해주시니까 잘 이해되지 않는데요….

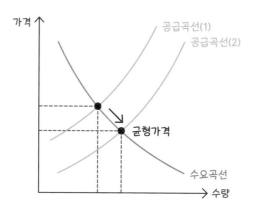

구체적인 예를 들어볼까요? 수요가 증가하자 균형가격이 상승하는 사례로 조선시대의 판소리 명창과 오늘날의 인기 가수의 경우를 비교해볼 수 있습니다.

물론 두 사람의 노래 실력을 직접 비교할 순 없겠지만, 둘 모두 각자의 시대를 대표하는 유명 연예인임은 사실입니다. 그런데 조선의 명창은 오늘날의 가수에 비해 벌이가 무척 적었을 거예요. 두 시기의 평균 소득이 다르다는 점을 고려해도 소득의 차이는 여전히 크죠. 이유가 뭘까요?

글쎄요⋯. 질문하신 의도를 생각해보면 수요에 뭔가 차이가 있을 거 같은데요.

눈치가 아주 빠르네요. 두 사람은 모두 노래라는 서비스를 제공하는 공급자예요. 하지만 두 사람의 노래를 들어줄 시장의 수요, 즉 관객 수는 천지 차이입니다. 조선시대에 명창이 한 차례 공연으로 만족시킬 수 있는 청중은 굉장히 소규모였어요. 기껏해야 최대 100~200명쯤 되었으려나요. 반면 요즘 가수들은 마이크와 스피커를 사용하니 그보다 몇 배는 많은 사람에게 노래를 들려줄 수 있습니다. 방송을 통하면 동시에 수십만, 수백만 명에게도 공연을 선보일 수 있지요.

말하자면 기술의 발달로 인해 시장이 커지고 수요 자체가 과거에 비해 엄청나게 증가한 겁니다. 명창과 가수를 찾는 관객들의 수요 곡선을 그래프에 그려보면 곡선이 오른쪽 위로 이동하는 모습을 볼 수 있어요. 균형가격이 비싸진 결과, 오늘날 가수는 과거 명창에 비해 훨씬 더 많은 소득을 얻게 됐습니다.

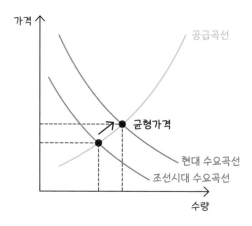

아, 수요가 늘면서 음악이라는 서비스의 가격도 높아졌다는 말씀이시군요.

그렇습니다. 시대에 따른 수요 변화를 잘 보여주는 사례죠.
한편 기술 발달은 공급에도 변화를 가져옵니다. 수산물을 양식하는 기술을 생각해보세요. 예전에는 광어나 전복을 양식할 수 없었기 때문에 어부나 해녀들이 바다에 나가 직접 잡은 물량만 시장에서 판매됐습니다. 하지만 양식 기술이 발달하면서 광어와 전복의 공급 물량이 급증했지요.

공급 물량이 늘었으니까, 이번엔 아까와 반대로 가격이 하락하겠네요.

그렇죠, 수요 공급 곡선으로 이해해보면 공급곡선이 오른쪽으로 이동한 결과, 균형가격이 낮아집니다. 불과 10여 년 사이에 해산물 가격이 훨씬 저렴해진 이유는 이처럼 기술 진보에 따른 공급의 증가로 설명할 수 있습니다.

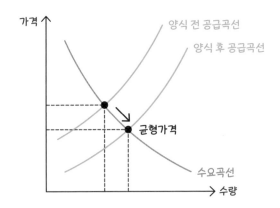

수요와 공급, 법칙에서 벗어나다

정말 많은 것들이 다 수요 공급의 법칙을 따르고 있네요.

맞아요. 일상 속 거래는 대부분 수요와 공급의 상호작용을 통해 파악할 수 있습니다. 하지만 원칙이 있으면 예외도 있는 법이죠. 수요 공급의 법칙으로 간단히 설명하기 어려운 사례들도 있습니다. 예컨대 명품 브랜드의 한정판 제품은 가격이 오를 때 오히려 수요가 늘기도 해요. 반대로 가격이 내리면 인기가 식어버리기도 하고요. '귀중한 물건을 가지고 있다'는 소비자의 욕망을 만족시켜주지 못하기 때문이죠.

가격이 오르는데도 수요가 줄지 않다 보니 소비자들 사이에서는 시세차익을 노린 투자 상품으로 명품을 사 모으는 관행까지 생겼어요.

가격 올릴수록 수요 늘어나는 럭셔리브랜드 '미스터리'

(…) 전례 없는 명품 구매 열기가 도무지 식을 기미를 보이지 않고 있다. 해외 명품 업체들이 올해 수차례 가격을 올렸는데도, 백화점 명품관 앞에 전날 밤부터 노숙까지 해가며 줄을 서는 진풍

경이 1년 넘게 계속되고 있다. (…) 전문가들은 돋보이고자 하는 소비 심리, '샤테크(샤넬+재테크)' '롤테크(롤렉스+재테크)' 등 투자 용도의 구입, 영끌족으로 불리는 2030을 중심으로 명품 소비가 하나의 문화이자 경험으로 자리 잡는 등 복합적 요인이 가세했기 때문으로 해석했다. (…)

—《문화일보》 2021.10.7

일반적인 수요 공급의 법칙으로만 따지면 말이 안 되는 일이군요.

네, 가격보다도 타인의 시선이나 구매 당시의 유행이 수요에 더 결정적인 영향을 끼치는 경우죠.

요즘 많이들 사용하실 배달 앱도 수요 공급의 법칙만으론 설명하기 어려운 사례입니다. 소비자는 등록된 음식점이 많고 사용하는 사람들이 많은 배달 앱을 더 자주 이용합니다. 이용자 수가 많을수록 이 배달 앱에 가입하는 음식점이 더 늘어날 거고, 그로 인해 사용자의 만족도가 높아지는 건 물론, 신규 이용자도 더 늘어납니다. 이처럼 개인의 수요가 상품 자체의 가격이나 효용이 아닌 타인들의 수요에 영향을 받아 결정되는 현상을 **네트워크 효과**라고 부릅니다.

배달 앱이 편리하기도 하지만 저도 남들이 다 사용하니까 자연스럽게 사용하게 된 거 같아요.

지나치게 유행하면 오히려 인기가 떨어져 버리는 명품 소비와는 반대되면서도, 동시에 한 소비자의 선택이 다른 소비자의 선택과 연결되어 서로 영향을 미치기 때문에 나타나는 현상이라는 점은 서로 같습니다.

개인의 합리적인 선택을 전제하는 수요 공급의 법칙으로 단순히 설명하기 어려운 사례들이 등장하는 이유는 그만큼 인간의 심리가 다양하고 복잡하기 때문이에요. 시장이란 인간의 복잡다단한 심리가 모여 만들어진 곳이기 때문에 자세히 들여다볼수록 재밌고 의외인 사례를 발견할 수 있습니다.

가격 결정! 시장 vs. 정부

지금까지 수요와 공급을 매개로 한 가격기구의 작동에 대해 살펴보았습니다. 가격기구가 현실을 다 설명해낼 수 있는 건 아니지만, 가격기구에 맡길 때 한정된 자원을 가장 효율적으로 배분할 수 있다는 사실에는 이견이 거의 없어요. 그래서 오늘날 대부분 국가가 자원 배분 문제를 주로 시장에 맡겨 해결하려고 하죠. 이렇게 시장 원리에 따라 자원의 가격을 결정하는 경제체제를 **시장경제**라고 합니다. 시장이 아니라 정부가 가격 결정을 주도한다면 **계획경제**라고 하고요.

시장에 맡기는 게 아니라면 어떻게 가격이 결정되나요?

말 그대로 정부의 계획에 따라 가격이 결정돼요. 수많은 재화와 서비스에 일일이 가격을 붙이는 거죠. 얼핏 생각해봐도 까다로운 일일 것 같죠? 실제로 효율성 면에서는 치명적인 약점을 드러냅니다. 예컨대 일상 곳곳에서 쓰이는 석유를 생각해보죠. 중동 지역의 분쟁 때문에 원유 수출이 제한되고 석유 가격이 급등하는 일이 과거 몇 차례나 있었습니다. 그런 일이 또 일어난다고 생각해보세요. 석유 가격 하나가 오를 뿐이지만 석유를 원료로 하는 모든 상품, 그러니까 옷, 신발, 자동차, 장난감, 전자제품에 이르는 온갖 것의 가격을 정부가 모조리 재조정해야 합니다. 상품을 만드는 공정이 복잡하고 원료가 다양할수록 문제가 더욱 심각해지죠.

너무 번거롭겠는데요. 얼마 정도가 적당할지 판단하기도 어려울 것 같고요.

시장의 가격기구가 작동하지 않는다는 게 계획경제의 핵심인 동시에 가장 큰 약점인 겁니다. 일례로 개인의 소유보다 사회 전체의 이익을 중요시하는 사회

소련의 계획경제 홍보 포스터, 1938년. 정부가 상품 가격을 결정하는 계획경제가 소비의 풍요를 가져올 거라는 내용이다.

주의 국가는 보통 곡식이나 물과 같은 생필품의 가격을 인위적으로 낮게 책정해요. 생필품을 구입해야 하는 소비자에게는 이익이지만, 생산자는 물건을 공급할 동기를 잃게 됩니다. 본전도 못 건지는 일을 할 순 없으니까요. 국가가 적절한 조치를 취하지 않으면 생필품 공급이 부족해지는 문제로 번질 수 있습니다.

시장이 가격을 정하도록 하면 될 텐데… 왜 군이 계획경제를 하는지 모르겠어요.

효율성은 떨어지지만 계획경제에도 배울 점이 있습니다. 예컨대

시장경제에만 맡겼다가는 사회에 꼭 필요한 공공재가 부족해지기 십상이에요.

그게 무슨 말씀이시죠? 저는 공공재가 부족하다고 생각한 적이 없는데….

예를 들어 동네 가로수로 100만 원짜리 은행나무를 100그루 심는다고 해봅시다. 은행나무 덕분에 공기가 맑아지고 경치도 좋아져서 사람들이 모두 만족할 거예요. 이렇게 은행나무를 심어 생기는 긍정적인 효과는 누구 하나 빼놓지 않고 모두에게 골고루 돌아갑니다. 여기까지만 들으면 참 좋은 것 같은데, 오히려 이렇게 모두에게 효과가 돌아가는 속성 때문에 은행나무가 주는 이익의 대가를 누구에게 부담시킬지 문제가 생겨요. 생각해보면 그렇잖아요. 은행나무를 심어서 맑아진 공기의 대가를 누구에게 치르라 할수 있겠어요? 가을에 단풍 든 은행나무를 쳐다보며 마음에 여유를 느낀 사람들에게 대가로 1억 원을 달라고 할 수 없잖아요.

길에서 나무 좀 봤다고 그렇게 큰돈을 내라고 하다니 그건 너무 팍팍하죠.

은행나무처럼 많은 사람이 누릴 수 있는 공공재는 시장원리로 해결하기 어려운 문제 중 하나입니다. 공공재로부터 이익을 얻는 사

1847년에 만들어진 영국의 버컨헤드 공원은 개인이 소유할 목적이 아니라 도시 문제 해결을 위해 조성된 세계 최초의 공립 공원이다.

람을 특정하는 것부터가 쉽지 않으니 가격을 설정하기도 어렵고 수익성 계산도 정확히 되지 않아요. 이런 상품을 시장에서 팔아보 겠다고 나서는 사람은 거의 없겠죠.

수목을 보고 얻는 기쁨이 크다 해도 직접 은행나무 심을 엄두는 안 나요. 남이 심어주는 건 좋아도….

대부분 사람이 그럴 거예요. 그러니 나무 심는 문제를 그냥 시장에 맡겨뒀다가는 나무 한 그루 없는, 살기 싫은 황량한 동네가 되고 말겠죠? 이렇게 시장원리에 맡겼을 때 모두가 마땅히 누려야 하는 공공영역이 줄어들어 사회 전체가 피해를 보는 현상을 경제학 용어로 **시장실패**라고 합니다.

결국 계획경제든 시장경제든 완벽하진 않군요.

그래서 오늘날 대부분 국가가 **혼합경제**를 채택하고 있어요. 시장경제를 바탕으로 하되 계획경제의 속성을 더한 경제체제죠. 우리나라도 예외는 아닙니다. 헌법 119조의 내용을 한번 볼까요?

> **「헌법 제119조」**
> ① 대한민국의 경제 질서는 개인과 기업의 경제상의 자유와 창의를 존중함을 기본으로 한다.
> ② 국가는 균형 있는 국민 경제의 성장 및 안정과 적정한 소득의 분배를 유지하고 시장의 지배와 경제력의 남용을 방지하며, 경제주체 간의 조화를 통한 경제의 민주화를 위하여 경제에 관한 규제와 조정을 할 수 있다.

아니, 경제도 머리 아픈데 헌법까지 봐야 하나요?

하하, 크게 어려운 내용은 아니니까 같이 보시죠. 개인과 기업이 자유롭게 경제활동을 할 수 있다는 1항은 우리나라가 시장경제를 원칙으로 하고 있음을 보여줍니다. 동시에 2항에는 정부의 개입을 통해 시장경제의 약점을 보완하려는 의도가 담겨있죠.

오늘날 세계 대부분 국가는 시장경제의 효율성을 기초로 삼아 경제를 운영하지만, 그것을 얼마만큼 인정하고 받아들일지는 나라마다 달라요. 시장경제와 계획경제의 이익과 한계가 명확한 만큼 어떤 가치를 중요하게 여기는지에 따라 혼합경제의 모습도 조금씩 다르게 나타납니다.

가구 브랜드는 왜 한국에서만 비싼 값을 불렀을까?

가격 결정 원리로 돌아가죠. 이번에는 무역으로 서로 다른 시장이 연결되었을 때, 가격기구에 어떤 변화가 생기는지 살펴봅시다.

몇 년 전 많은 사람이 분노한 사건이 있었어요. 한 가구 기업의 제품들이 다른 나라보다 우리나라에서 유독 비싸게 팔린 거죠.

○○○, 한국 판매 가격 'OECD 2위'

세계 1위의 가구업체 ○○○의 국내 판매 가격이 경제협력개발기구(OECD) 회원국 가운데 스웨덴에 이어 2위라는 조사 결과가 나왔다. 소득수준이 우리보다 높은 나라에 견줘서도 국내 판매 가격이 비싸다는 것이다. (…) 국가별 판매 가격을 매매기준 환율로 환산해 비교한 것은 한국이 스웨덴 다음이었고, 구매력평가 환율 기준으로는 헝가리, 폴란드, 체코 다음인 4위였다. (…)

—《한겨레》2015.3.19

정말로요. 왜 유난히 비싸게 파는 거죠? 우리나라 소비자를 얕보는 거 아닌가요?

사람들도 그렇게 생각했습니다. '다른 나라에서는 20만 원에 파는 상품을 우리나라에서만 25만 원에 팔고 있다. 한국 소비자를 무시하는 기업을 불매운동으로 혼쭐내줘야 한다'라고 말이죠. 하지만 이 기업은 우리를 얕봐서 가격을 높게 책정했던 게 아니었습니다. 기업 입장에서는 가능한 한 상품을 많이 팔아 큰 이익을 거두는 게 중요하지, 괜히 어느 나라를 미워하고 차별할 필요는 없지요.

듣고 보니 그렇긴 한데… 그럼 왜 그랬을까요?

문제의 원인은 기업이 아니라 우리나라 가구 시장에 있었습니다. 해당 업체가 우리나라에 진출했을 당시, 주요 가구 브랜드들의 상

세계적으로 유명한 가구 브랜드의 매장 모습. 이 브랜드는 어떤 기준으로 가격을 책정했던 걸까?

품이 상당히 비싼 값에 팔리고 있던 거죠.

경쟁사가 모두 비싼 값을 부르는 시장에서 해외 기업만 저렴한 가격을 내걸 이유가 전혀 없었어요. 기존에 유통되던 제품들보다 조금만 싸게 팔아도 소비자들은 바로 가격 차이를 알아차릴 테니까요. 그래서 다른 나라에서 팔던 것보다는 비싸게, 국내 가구사보다는 저렴하게 제품을 팔았던 겁니다.

그런 이유라면 마냥 그 기업을 탓하기는 어렵겠는데요. 우리나라 소비자들은 왜 이때까지 비싼 가격에 가구를 사줬던 건가요?

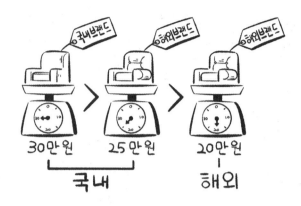

여러 이유가 있지만, 무엇보다 국내 가구 브랜드들이 그만큼 안정적으로 자리를 잡았던 탓이죠. 굳이 낮은 가격을 내세워 경쟁하지 않아도 가구를 사겠다는 사람이 충분할 만큼 생산자의 수가 적었습니다. 부피가 크고 무거운 가구라는 상품의 특성상 수출입이 어려워 해외 가구업체가 우리나라 시장에 진입하기도 힘들었고요. 이렇게 일종의 독과점 시장이 형성돼 있었으니 소비자들도 별 수 없었습니다.

해당 기업이 유독 우리나라에서만 비싼 값을 부른 이유는 우리나라를 무시해서도 아니고 소비자가 불매운동을 해야 할 일도 아닙니다. 오히려 왜 우리나라 시장에서 가구가 특히 비싸게 거래되고 있었는지 원인을 따져봐야 하죠.

그러면 이 문제는 해결할 수 없나요? 우리는 계속 다른 나라보다 비싼 값에 가구를 사야 하나요?

해결책은 간단합니다. 소비자가 자기 이익에 충실한 태도를 갖고 저렴한 가구를 사면 돼요. 해외 기업의 저렴한 가구가 얼마간 많이 팔리겠지만 머지않아 국내 가구 브랜드들이 위기의식을 느낄 겁니다. 지금 가격으로는 경쟁이 안 된다는 걸 깨닫고 곧 값을 내리겠죠. 그러면 해외 가구업체도 더 가격을 낮출 수밖에 없어요. 가격 경쟁력을 계속 유지해야 할 테니까요. 이렇게 경쟁적으로 가격을 내리다 보면 가격 거품이 사라지고 그 이득은 소비자에게 돌아갈 겁니다. 무역으로 가구 공급이 늘어나자 균형가격이 낮아지는 거죠. 다음 페이지 그래프처럼요.

그냥 저렴한 물건을 구매했을 뿐인데 결과적으로 소비자 전체에게 이익이 돌아가네요.

그게 바로 가격기구의 힘입니다. 익히 들어보셨을 애덤 스미스의

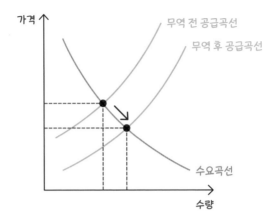

무역 전후 균형가격 변화

명언이 하나 있죠. "우리가 저녁을 먹을 수 있는 이유는 정육점 주인, 양조장 주인, 빵집 주인의 자비심 때문이 아니라 그들이 자신의 이익에 갖는 관심 때문이다".

이 말은 '보이지 않는 손'으로 알려진 시장질서가 무엇을 동력으로 삼아 작동하는지 설명해줍니다. 가구를 사는 개인들도 다른 누군가를 위해서가 아니라 단지 스스로의 효용을 높이기 위해 저렴한 가구를 선택할 뿐이에요. 하지만 결과적으로는 그 선택이 다른 많은 사람에게까지 이익을 가져다줍니다.

보이지 않는 손이라는 말은 많이 들어봤는데 이런 뜻이었군요.

내 돈으로 무언가를 살 때, 그게 아무리 작은 물건이라도 서로 다른 기업에서 만든 제품의 가격, 품질, 디자인까지 꼼꼼히 비교하게 되지 않던가요? 시장이란 결국 참여자들 사이의 치열한 경쟁과 합리적인 선택을 전제로 합니다. 참여자들은 경쟁의 압력을 받아 효율성을 추구하게 되고, 이게 곧 개인과 사회 전체의 이익으로 이어집니다. 그래서 교환이 많아지고 연결된 시장이 넓어질수록 더 많은 사람이 저렴하고 질 좋은 상품을 구매할 수 있게 되는 거예요. 앞선 사례에서도 마찬가지죠. 만약 해외 가구 제품이 수입되지 않았거나, 수입되었더라도 지나치게 높은 관세가 부과되었다면 그 결과가 어땠을까요?

해외 가구 제품이 우리나라에 들어오지 않았을 테니⋯ 계속 독과점 상태였겠죠?

그렇습니다. 무역은 국내와 해외로 분리돼 있던 시장을 통합해 폐쇄적인 독과점을 완화하고 가격 경쟁이 활발해지도록 만듭니다. 그 결과는 가격 하락과 수요량 증가로 나타나죠. 시장이 개방되면서 기업 간 경쟁이 활발해지자 소비자에게 그 혜택이 돌아가는 겁니다.

음… 그런데 소비자는 좋겠지만 원래 우리나라 시장에서 가구를 만들어 팔던 사람들은 불만이 생기지 않을까요?

네, 일부 국내 가구 브랜드는 피해를 봤을 겁니다. 그럼에도 소비자가 얻은 이익과 이들의 손해를 계산해봤을 때, 이익이 손해를 상쇄하고도 남을 만큼 크기 때문에 사회 전체적으로는 이익이 커졌다고 할 수 있죠.

그렇군요. 그러면 해외 기업이 우리나라 시장에 계속 진출하면 가격이 계속 떨어지나요?

시장 통합이 일어나면서 국내 가구 가격이 떨어져 외국 시장의 가구 가격과 서로 비슷해질 겁니다. 하지만 완전히 똑같아질 거라고 장담하긴 어려워요. 나라마다 사람들의 취향이나 소득수준, 유통망 등이 제각각이기 때문입니다.
만약 이런 조건이 모두 동일하다고 가정한다면 둘의 가격이 완전히 같아져야 해요. 시장 통합이 어떤 원리로 서로 다른 지역 사이의 물가 차이를 좁혀놓는지 좀 더 간단하게 사과 시장을 예로 들어 설명할게요.

하나의 물건에 하나의 가격

멀지 않은 거리에 A지역과 B지역이 있다고 해봅시다. 내륙지방인 A지역은 한여름에도 기온이 심하게 오르지 않아서 사과나무가 자라기 좋은 곳입니다. 곳곳에 사과 농장이 자리한 덕분에 사과 가격이 아주 저렴하죠.

반면에 해안에 자리한 B지역은 겨울이면 매서운 바닷바람이 불어와 사과나무가 제대로 자랄 수 없습니다. 당연히 사과가 귀해서 아주 비싼 값에 팔리고 있죠. 이때 두 지역을 드나드는 한 똑똑한 상인이 A지역에서 저렴한 사과를 잔뜩 사다가 B지역에 팔아 차익을 챙기기로 합니다.

사업 판단이 빠른 상인이군요.

그런데 이렇게 장사하는 게 돈이 된다는 사실이 알려지면 누구나 A지역에서 사과를 입수해 B지역에 내다 팔려고 할 겁니다. A지역의 사과 공급량은 빠르게 줄어들고, 반대로 B지역에서는 사과 공급량이 늘어나다 못해 사과 상인끼리 가격 경쟁까지 벌일 수 있겠죠.

자, 이제 사과의 공급량이 변했으니 자연스럽게 가격도 변할 텐데요. A지역과 B지역에서 사과 가격이 각각 어떻게 바뀔지 한번 예상해보시겠어요?

A지역의 사과가 B지역으로 옮겨가는 거니까 A지역에서는 사과 값이 오르고 B지역에서는 떨어지겠네요.

잘 맞혔어요. 그런 식으로 가격 차이가 조금씩 좁혀지다가 어느 순간 두 지역의 사과 가격이 거의 똑같아질 겁니다. 사과를 유통할 때 드는 운송비나 인건비 등의 거래비용을 제외하면 가격이 균등해지는 거죠.

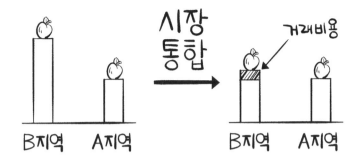

이렇듯 동일한 시점에 동일 한 상품이 있다면 이론적으

일물일가 = 一物一價

로 서로 다른 시장이 통합돼 어디에서든 가격이 같아진다고 가정할 수 있습니다. 이 가정이 경제학에서 말하는 **일물일가**입니다. 일물일가는 문자 그대로 하나의 물건에 하나의 가격이라는 의미인데, 완전경쟁이 이루어지는 시장에서는 '같은 물건이라면 거래되는 가격도 같아야 한다'는 뜻이에요.

특별히 어려울 게 없는 이야기입니다. 비슷한 품질의 상품이라면 어디에서나 비슷한 가격이어야 합리적이잖아요.

그럴 수 있다면 소비자 입장에선 정말 이상적이겠죠.

이렇게 두 지역 간 사과 가격이 같아지면 늘 '사과 값이 금값'이라며 푸념하던 B지역 사람에게는 물론 사과 농장을 운영하는 A지역 사람들에게도 희소식일 겁니다. 팔고 남은 사과는 몇 개 까치밥으로 주고 나면 처분할 데가 마땅치 않았는데, 전부 B지역에 팔아 추가로 큰 이익을 얻게 됐으니까요.

실제로도 이렇게 가격이 비슷해지는 경우가 있나요?

네, 19세기 말에서 20세기 초 사이에 전 세계적으로 일어난 대륙 간 시장 통합 사례를 살펴볼까요? 18세기 중반 영국에서 시작된 산업혁명의 영향으로 19세기에는 서구의 여러 국가가 경쟁적으로 공업화에 뛰어들었습니다. 상당수는 발전된 기술력을 이용해 다른 나라들을 강제로 식민지화하며 활동 반경을 넓혀갔죠. 이 과정에서 세계의 거의 모든 국가가 자발적으로 혹은 강제적으로 국제 무역망에 합류했습니다.

한반도도 문호를 개방하라는 압력을 많이 받았죠.

당시에 새로 등장한 증기선과 증기기관차, 육지를 뚫고 만들어진 운하는 세계를 연결하는 데 중요한 역할을 했어요. 특히 현재까지도 해상의 주요 무역로로 쓰이는 수에즈 운하와 파나마 운하가 이 시기에 건설되어 운송비가 크게 줄고 무역이 한결 수월해졌습니다. 수입 상품에 부과하는 관세가 낮아진 것도 무역이 활성화되는 데 한 몫을 했죠.

이런 배경에서 주요 통상로로 연결된 지역 사이의 가격 차이가 크게 줄었습니다. 예를 들어 1870년 영국 리버풀의 밀 가격은 미국 시카고에 비교하면 58% 비쌌으나, 약 40년 뒤인 1912년에는 그 차이가 16%로 줄어들었습니다. 운송비 같은 거래비용을 고려한다면 두 도시의 밀 시장이 거의 통합된 거죠.

운송비가 절감되니까 일물일가에 가까워지네요. 운송 기술이 엄청 발달한 요즘 같은 상황에서는 일물일가가 더 쉽게 달성되겠어요.

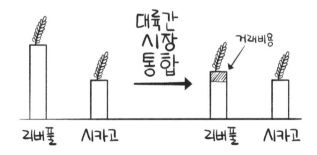

대체로 그렇지만 항상 그런 건 아닙니다. 아래 기사를 보세요. 국내와 해외에서 판매되는 우리나라 브랜드 TV의 가격 차이를 다룬 기사입니다. 모델도 사양도 완전히 같은 TV 판매가가 국내에서는 1,150만 원인데 미국에서는 650만 원 정도였습니다. 무려 두 배 가까운 차이죠.

삼성·LG TV, 국내서 사면 손해?··· 관세 붙여도 30% 저렴

(···) 국내에서 1,150만원에 판매되는 85인치 삼성 네오 QLED 8K TV는 5,500달러(약 650만 원)에 판매되고 있다. (···) 관계자는 "같은 제품이라도 1년에 1000만 대 팔리는 곳과 500만 대 팔리는 곳에선 가격이 다를 수밖에 없지 않느냐"라며 "북미 지역의 경우 일본, 중국 업체들과 경쟁하기 때문에 더 공격적으로 가격을 낮춰 파는 경우도 많다"라고 했다. (···)

―《조선비즈》 2021.11.13

똑같은 제품인데 가격 차이가 두 배라니 너무 심한데요. 왜 이렇게 된 거죠?

미국 시장과 우리나라 시장의 차이가 반영된 결과예요. 미국은 다른 어떤 나라보다도 외국과 무역을 많이 하는 나라입니다. 단일 국가 기준으로는 세계에서 시장의 크기가 가장 크죠. 수많은 국가에서 엄청난 양의 상품이 미국으로 쏟아져 들어오니 시장에서 경쟁이 매우 치열하고 당연히 값도 더 크게 떨어집니다. 반면 한국 시장은 외국 제품과의 경쟁이 미국만큼 심하지 않은 데다 국내 기업의 독과점적 상황도 있어서 비교적 가격이 비싸죠.

또 우리나라 소비자들의 '신토불이' 소비 성향도 영향을 미쳤다고 볼 수 있어요. 일종의 애국심이죠. 비슷한 품질이라면 한국 브랜드 제품이 조금 비싸더라도 해외 브랜드 제품보다 더 잘 팔리는 경우가 왕왕 있습니다.

소비자들도 하나의 원인이네요. 우리나라 제품이라고 무조건 사준다면… 굳이 제품 가격을 낮추려고 하지 않는 게 당연하겠죠.

이렇게 여러 요소가 맞물려 TV 가격이 두 배 가까이 벌어지는 결과를 낳았습니다. 미국 시장과 우리나라 시장 각자에 맞는 최적 가격을 찾은 거라고 할 수도 있죠. 똑같은 물건은 어딜 가든 비슷한 가격에 판매되어야 한다는 게 상식 같지만 시장이 충분히 통합되지 않은 경우 얼마든지 가격 차이가 벌어질 수 있는 겁니다.

눈 뜨고 코 베이는 기분이에요.

사실 국제시장은 국내시장보다 통합이 훨씬 어렵기 때문에 가격 차이가 심할 수밖에 없습니다. 같은 나라 안에서는 상품을 주고받는 게 별로 어렵지 않잖아요. 거래가 활발한 만큼 시장이 통합되는 정도가 높고 가격 차이도 크지 않아요. 반면 국가 간 이동에는 여러 제약이 존재합니다. 대표적으로 수출입 관세 같은 '무역장벽'이 통합을 어렵게 만드는 요인이에요.

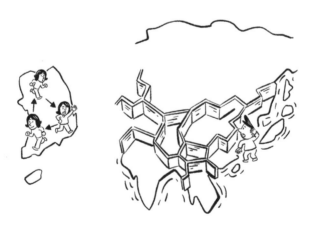

그래도 그렇지 이제는 비행기를 타면 하루 만에 세계 일주도 가능한 시대인데… 예상보다 가격 차이가 너무 나서 놀랐어요.

만약 모든 상품이 다 눈으로 확인 가능한 재화라면 전 세계 시장 통합이 그리 머지않은 일일 수도 있어요. 이동에 제약이 별로 없으니까요. 하지만 재화가 아닌 노동력이라면 어떨까요? 아무래도 사람은 재화만큼 쉽게 이동할 수 없기 때문에 노동의 대가인 임금 차이가 좀처럼 좁혀지지 않습니다. 시간당 20,000원 받는 사람과 시간당 2,000원 받는 사람이 만든 상품의 가격은 다를 수밖에 없겠죠? 그러니 같은 상품이라도 나라별로 가격이 달라집니다.

현실적으로 완전한 시장 통합은 어렵다고 봐야겠군요. 그럼 저는 계속 두 배나 비싼 값을 주고 물건을 사야 하고….

하하, 요새는 저렴한 해외 제품을 인터넷으로 직접 구매하는 소비자도 많아졌어요. 이렇게 해외 상품을 직접 구매하는 일, 줄여서 '직구'도 시장 통합을 촉진하는 무역이라 할 수 있어요.

시장 통합을 가속화하는 해외 직구

직구 많이들 하지만… 이런 것도 무역인가요?

네, 수입하는 사람이 소비자 개인이라는 점만 다를 뿐 분명 무역입니다. 중개자, 그러니까 전문 무역상 없이 개인이 직접 각국의 판매자로부터 상품을 살 수 있는 시장이 온라인에 열리면서 가능해진 일이죠. 인터넷 시대에 새로 생긴 무역 방식입니다.

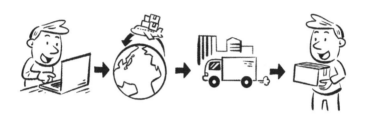

시장이 있는 곳에서 교환이 일어나는 게 아니라, 교환이 있는 곳에 시장이 만들어진다는 말 혹시 기억하시나요? 해외 직구도 마찬가지입니다.

해외 직구를 하는 이유는 그만큼 국내외의 상품 가격 차이가 심하기 때문이고, 달리 말하면 그만큼 시장 통합이 덜 됐다는 뜻이에요. 이런 상황에서 일부 '직구족'들이 외국의 저렴한 물건을 들여오면 국내외를 가리지 않고 가격 경쟁이 일어나면서 서서히 시장이 통합될 수 있겠죠.

직구가 시장을 통합한다고까지는 생각해보지 못했는데… 듣고 보니 시장 통합에 영향을 줄 것 같네요.

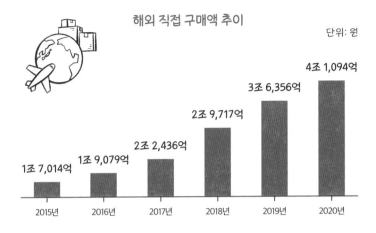

해외 직접 구매액 추이

단위: 원

4조 1,094억

3조 6,356억

2조 9,717억

2조 2,436억

1조 9,079억

1조 7,014억

2015년 · 2016년 · 2017년 · 2018년 · 2019년 · 2020년

출처: 통계청

그러니 주변에 직구를 많이 하는 친구가 있다면 나보다 물건을 싸게 산다고 얄밉게 생각할 필요 없습니다. 오히려 고마워해야죠. 귀찮음을 무릅쓰고 직구를 열심히 하는 친구 덕분에 직구하지 않는 다른 모든 사람이 전보다 더 저렴한 가격에 상품을 구입할 수 있게 될 테니까요.

더 싼 물건을 사려고 했을 뿐인데 그 클릭 몇 번이 시장을 통합하고 상품 가격을 낮출 수 있다니. 나비효과가 따로 없군요.

네, 저렴한 해외 브랜드 가구에 열광하거나 직구할 방법을 찾아보는 일 모두 지극히 개인의 이익을 위한 선택이죠. 하지만 그 선택이 결과적으로 더 많은 사람의 효용을 높여 줄 수 있는 건 결국 서로 다른 시장이 통합되면서 가격기구가 작동한 덕분입니다. 우리의 자연스러운 결정이 시장을 통합하고 있는 거죠. 왜 애덤 스미스가 교역의 확대와 시장의 생성이 인간의 본능이라고 말했는지, 여러분도 이제는 이해가 되실 겁니다.

교환이 곧 시장이다

○ ○

교환이 이루어지면 시장이 형성된다. 시장은 나름의 질서를 가지고 자원이 효율적으로 배분될 수 있게 만들지만, 공공 영역에서는 한계를 가진다. 시장이 통합되면 상품의 가격 차이가 줄어드는 일물일가의 법칙이 작동한다.

교환이 만들어낸 공간

시장 교환이 이루어지는 곳. 수요 공급의 법칙에 따라 거래가 성사됨.

균형가격 공급량과 수요량이 일치할 때의 가격. 가격기구가 작동해 균형가격을 찾아감.

수요↑ → 균형가격↑ 예시 조선시대 명창과 현대의 인기 가수
공급↑ → 균형가격↓ 예시 수산물 양식

수요 공급의 원리로 곧바로 설명되지 않는 경우도 있음.
예시 비싸야 수요가 커지는 명품이나 다른 사람들의 수요에 영향을 받는 배달 앱

가격 결정 시장 vs 정부

시장경제	계획경제
시장원리에 따라 가격 결정	정부가 주도적으로 가격 결정
약점: 시장실패 발생	약점: 가격 결정이 비효율적

→ 대부분 국가가 시장경제를 바탕으로 계획경제의 속성을 더한 혼합경제를 채택. 참고 우리나라 헌법 119조

가격기구가 작동할 때

독과점이던 시장이 다른 시장과 연결되면 균형가격이 하락.
예시 우리나라 가구 시장

일물일가 같은 상품이라면 어디에서나 같은 가격에 팔린다는 가정.
예시 리버풀과 보스턴의 밀 가격

해외 상품을 직접 구매하는 '직구'는 시장 통합을 가속화해서 가격에 영향을 미침.

무역 때문에 파멸에 이른 국가는 없었다.

│ 벤자민 프랭클린 │

02 서로 다른 시장이 연결될 때

#특화 #분업 #비교우위이론 #공급사슬

지난 강의에서 시장이 돌아가는 기본 원리와 시장 통합이 어떤 이익을 가져오는지 살펴봤다면, 이번에는 조금 다른 관점에서 시장의 특성을 알아봅시다. 곧장 본론으로 들어가기 전에 아름다운 풍경을 보면서 마음의 준비를 좀 해볼까요? 다음 페이지 사진을 한번 보시죠.

여기가 어디인가요? 일단 우리나라는 아닌 것 같은데.

아이슬란드 최남단에 있는 비크라는 곳입니다. 인구가 300명 정도 되는 작은 마을로, 드넓은 바다 옆에 오색 빛깔 낮은 지붕들이

한적한 시골 마을 비크의 풍경

옹기종기 모여 있습니다. 참 한적해 보이지요. 그런데 어느 날 갑자기 이 마을 한가운데 3층짜리 필라테스 전문 학원이 들어오면 어떨까요?

저 마을에 필라테스 학원…. 좀 이상한데요. 작은 마을에는 안 어울려요.

맞아요. 굉장히 어색하게 느껴집니다. 왜냐하면 살면서 한 번도 그런 풍경을 본 적이 없기 때문이에요.

반면 우리나라 도시의 번화가를 떠올려보세요. 골목골목 전봇대마다 필라테스 전문 학원을 홍보하는 전단지가 붙어 있을 정도죠. 그 밖에도 수제 맥주 전문점, 캠핑용품 전문점, 커피 전문점처럼 각종 전문점이 즐비합니다.

그러네요. 전혀 어색하지 않아요. 왜 이렇게 차이가 날까요?

시장의 크기가 다르기 때문입니다. 이것저것 다양한 운동을 해볼 수 있는 헬스장에 비해 한 종목만 집중적으로 가르치는 전문 학원을 원하는 수요는 대체로 한정돼 있습니다. 인구가 수백 명밖에 안 되는 마을이라면 기껏해야 열댓 명 정도가 회원권을 끊을 테고 얼마 지나지 않아 학원 문을 닫아야 할 거예요. 반면 인구가 50만 명이 넘는 서울시 강남구에 자리 잡았다면 훨씬 많은 회원을 끌어들일 수 있겠죠.

시장의 인구가 달라서 차이가 발생했다는 건가요?

정확히 말하면 '필라테스 전문 학원 회원권을 구입할' 인구가 다르
죠. 강남역 부근에는 3층짜리 필라테스 전문 학원이 망하지 않을
만큼 돈을 지불할 수요가 존재합니다. 시장이 크고 소비자들의 구
매력도 높기 때문에 한두 가지 품목만 전문적으로 판매하는 상점
도 살아남을 수 있죠.

반면 작은 마을에서 가게를 내려면 한 가지 상품만 전문적으로 팔

시골에 가면 찾아볼 수 있는 슈퍼. 동네 슈퍼가 빵집이나 과일 전문점으로 성장하려
면 어떤 변화가 필요할까?

아서는 안 돼요. 빵집을 한다면 바게트도 팔고 단팥빵도 팔고 크림 빵도 팔아야 해요. 그래도 매출이 안 나오면 각종 과일이나 쌀, 과자를 들여와서 아예 식료품점을 여는 게 나을 거고요. 시골에 가면 볼 수 있는 작은 가게들이 그런 사례입니다. 사진 같은 골목 상점을 본 기억이 있죠?

작은 동네 슈퍼네요. 요즘에는 워낙 대형마트나 편의점이 많아져서인지 통 못 봤어요.

사실상 만물상점에 가까운 이런 동네 슈퍼는 쌀이나 채소 같은 식료품은 물론, 치약이나 전구 같은 생필품, 문구류까지도 함께 팔지요. 철물점을 겸하기도 하고요. 시장이 워낙 작으니 가능한 한 많은 사람의 수요를 충족시키는 가게가 살아남을 수 있습니다.
작은 슈퍼가 빵을 전문으로 파는 베이커리나 과일만 모아 파는 과일 전문점으로 성장하려면 주변 시장이 커져야 해요. 강남역만큼은 아니더라도 웬만큼 수요가 뒷받침돼야 하죠. 수요의 크기, 즉 시장의 규모에 따라 상품이 공급되는 방식이 달라지는 겁니다.

늘어나는 수요를 따라 공급도 늘어나려면

필라테스 전문 학원과 만물상점의 가장 큰 차이는 **특화**와 **분업**의 정도입니다. 수요가 큰 시장일수록 상품을 공급할 때 특화와 분업을 하게 되죠. 특화란 생산자가 잘 만드는 상품을 집중적으로 생산하는 것을 말해요. 한 가지 일에 집중하다 보니 생산의 능률과 전문성이 높아지는 효과가 있습니다.

필라테스 학원은 만물상점보다 특화가 더 진행된 거군요.

네, 그렇게 하나에 특화한다는 건 특화하지 않은 분야의 재화나 서비스는 다른 사람에게서 얻어야 한다는 뜻이에요. 그래서 특화는 반드시 시장에서의 교환을 전제로 이루어집니다. 특화가 진행될수록 시장에 더 많이 의존하게 되죠. 아래 사진을 보세요.

열대 지역에서 열리는 이 붉은 열매는 무엇일까?

무슨 열매 같은데… 이게 뭔가요?

우리가 자주 마시는 커피의 원료인 원두입니다. 사진 속 원두는 브라질에서 나는 아라비카 품종인데요. 브라질은 상당수의 인구가 커피 관련된 일에 종사할 정도로 커피에 특화된 나라입니다. 전 세계 원두의 약 30%가 브라질에서 생산될 정도죠.

제가 마시는 커피 세 잔 중에 한 잔은 브라질 원두로 만든 거였네요.

그 많은 커피를 생산하려면 당연히 큰 땅덩이가 필요하겠죠? 브라질에선 서울 면적의 네 배가 넘는 땅을 커피 하나만을 재배하는 데 사용하고 있습니다. 이처럼 넓은 영토에서 한 가지 품종만 재배하는 단작이 특화의 대표적인 예죠.

그만한 땅에 커피 원두만 빽빽이 자라고 있다고 상상해보니 좀 놀랍네요.

만약 브라질 사람들끼리만 마실 커피라면 이렇게 대규모 단작을 할 필요가 없었겠죠? 애초에 여기저기 내다 팔 계산이었기 때문에 재배 조건에 가장 잘 맞는 원두 한 종류만을 특화한 거예요. 이렇게 단작하기에 적합한 작물을 골라 국제 무역시장을 공략하면 큰 수익을 낼 수 있습니다.

단, 예상치 못한 가뭄이 들어 생산량이 격감하거나, 외교 갈등으로 수출길이 막히는 일이 벌어지지 않는다면 말이죠. 상품 하나를 집중 생산하는 만큼 관련된 시장 상황에 더 예민하게 반응할 수밖에 없습니다.

특화를 하려면 위험을 어느 정도 감수해야 하는군요….

사실 멀리 브라질까지 갈 필요도 없이 우리나라에도 비슷한 사례가 많죠. 지역별로 있는 특산물도 특화의 일종입니다. 저는 영광 굴비와 울릉도 오징어 같은 품목이 가장 먼저 떠오르네요. 한산 모시나 강진 도자기도 좋은 예고요. 전통 특산물이 아닌 사례도 많습니다. 예를 들어 이천에 발달한 반도체 공장 같은 걸 들 수 있겠죠.

반도체 같은 것도 특산물이라 할 수 있나요?

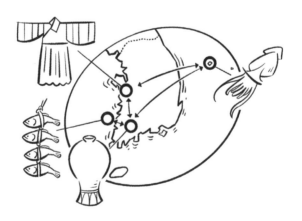

물론이죠. 특산물이 꼭 농수산물이나 수공예품일 필요는 없습니다. 생산이 대규모로 이루어지고, 설비와 부품을 공급하는 기업이 주변에 모이고, 인력이 집중되고… 이런 현상이 다 특산물이 있다는 증거예요. 포항의 철강 단지나 파주의 출판 단지, 과거 서울 충무로에 모여 있던 영화사 등도 모두 특화의 결과라고 할 수 있습니다.

특화를 하려면 상품 생산에 필요한 조건이 잘 맞아야겠죠? 예전에는 천연자원이나 지리적인 조건이 결정적이었다면 최근에는 노동이나 자본, 교통 같은 다른 생산요소도 그만큼 중요합니다. 각종 생산요소 중에 무엇이 싸고 많은지, 또는 품질이 훌륭한지 등 다양한 조건의 영향으로 결정되죠. 기업가의 선호나 중앙 및 지방정부의 판단으로 결정될 때도 있습니다. 이를테면 몇 년 전엔 반도체 공장을 어느 지역에 설립할지를 두고 지방정부들이 각축전을 벌이기도 했어요.

"SK 반도체 공장 잡자"… 지자체 5곳 러브콜

(…) SK하이닉스와 정부는 늦어도 올해 안에 입지를 결정하고 투자에 나설 계획이다. 이에 SK하이닉스 공장이 있는 경기 이천과 충북 청주, 경기 용인, 충남 천안, 경북 구미 등 모두 5개 시가 축제를 열고 성명을 내는 등 유치 경쟁을 시작했다. 해당 시의 시장과 도지사는 물론이고 지역구 국회의원 등 정치인들도 적극적으로

기사화될 만큼 사람들의 관심을 끌었나 보죠?

반도체 산업은 워낙 부가가치가 높아서 공장이 자리한 것만으로
도 지역경제에 상당히 도움이 되거든요. 상당한 정부 지원금이 약
속돼 있던 사업이라 중앙정부도 관심을 기울였고요. 지방정부들
은 저마다 우리 지역은 질 높은 노동력이 많다, 인근에 부품 공장

2021년 가동을 시작한 이천 M16 공장은 세계적 규모의 반도체 공장이다.

이 많다, 공장을 설립할 부지를 지원해줄 수 있다며 자기 지역에 공장을 유치하려 적극적으로 홍보했어요. 결국 이천 인근 도시인 용인에 세우기로 결정됐습니다.

이천에 반도체 공장이 많은데 왜 근처에 또 세우기로 했나요?

여러 관점에서 답을 찾을 수 있겠습니다만, 특화라는 측면에서 말하면 이천 근처이기 때문에 용인이 선택된 겁니다. 이천에 공정을 연계할 수 있는 사업장이 많았으니까요. 게다가 반도체처럼 인적자원이 핵심인 첨단산업은 수도권에서 가까운 지역에 있어야 인력 확보에 유리하다는 판단도 있었고요. 이렇게 주변 연계 시설, 지역의 노동력까지 고려해 산업의 특화가 이루어집니다.

일을 쪼개서 효율을 높이다

시장이 커져서 교환이 많아지면 자연스레 특화가 일어나고, 특화한 생산자 간 교환이 활발해지면 시장이 더욱 커집니다. 특화로 인해 시장이 확대되는 거죠. 이때 특화와 동전의 양면과도 같은 분업이 일어나기 마련이에요.

이거 제가 아는 얼마 안 되는 $$분업 = 分業$$

한자인데.

하하, 나눌 분分 자에 일 업業 자가 쓰인 단어 분업은 말 그대로 '일을 나눈다'라는 뜻입니다. 우리 주변에서 쉽게 볼 수 있는 햄버거 가게가 대표적인 분업 현장이에요. 어떤 사람은 주문을 받고, 어떤 사람은 고기 패티를 굽고, 어떤 사람은 빵을 데우고, 또 다른 사람은 청소하잖아요. 햄버거 가게를 운영하는 데 필요한 일을 각자 나눠서 하죠.

햄버거 만드는 과정이 잘게 쪼개질 수 있는 이유는 이 가게가 오로지 햄버거에 특화된 가게이기 때문이에요. 만약 같은 규모지만 햄버거에 특화하지 않고 파스타, 피자, 리소토를 모두 파는 가게였다면 햄버거 하나를 만들기 위해 이만큼 세세하게 분업할 필요는 없

었겠죠. 즉, 특화가 일어나야만 분업이 필요해집니다.

그럼 항상 특화가 분업보다 먼저 있어야 하는 건가요?

둘 중 하나가 먼저라기보다 둘이 서로를 불러오는 관계라고 할 수 있어요. 햄버거에 특화한 가게라면 분업이 진행될 거고, 일을 나눠서 하다 보면 감자 튀기기에 숙달된 사람이 따로 감자튀김 전문점을 차려서 특화할 수도 있을 테니까요. 특화가 진행되면서 분업이 일어나고, 그 과정에서 개별 생산자가 특정 분야를 새롭게 특화하는 겁니다. 그럼 그 특화로 인해 또 분업이 일어날 수도 있겠죠.

꼬리에 꼬리를 물고 이어지는군요.

그렇죠. 생산 과정에서 특화와 분업이 중요한 이유는 노동 시간을 늘리지 않고도 생산성을 대폭 향상시킬 수 있기 때문입니다. 애덤 스미스의 『국부론』에 나오는 핀 공장 사례가 아주 유명하죠. 평범한 공장 노동자 한 명이 기계의 도움을 받지 않고 처음부터 끝까지 수작업으로 핀을 만든다고 가정해봅시다. 아무리 낑낑대봐야 하루에 20개 정도 만들 수 있어요. 그런데 핀을 제조하는 공정을 자세히 분석해 총 18개 과정으로 쪼개고, 이렇게 쪼개진 공정을 열 사람이 나눠서 맡으면 하루에 핀을 4만 8,000개까지 만들 수 있습니다. 분업하기 전에는 하루에 핀을 20개밖에 못 만들던

1일 생산 가능 수량

20개   4,800개

노동자가 분업의 일원이 되자 4,800개를 만들게 됐어요. 일하는 시간은 그대로인데 생산량이 240배 치솟은 겁니다.

분업의 세 가지 효과로 생산성의 차이를 설명할 수 있습니다. 일단 노동자가 한두 가지 작업만 반복하다 보니 학습효과가 생겨서 일 처리 속도가 빨라집니다. 한 작업에서 다른 작업으로 일을 전환하는 과정을 생략할 수 있어 노동자의 정신적, 물리적 비용이 줄어듭니다. 마지막으로 작업과정을 세세히 나눴기 때문에 각 공정이 표준화돼 관리가 쉽죠.

분업의 효율성을 일찌감치 깨달은 애덤 스미스는 분업을 통해 생산량이 늘어나면 나라가 부강해질 거라는, 당시로선 파격적인 주장을 했습

분업을 했을 때 좋은 점
1 학습효과
2 전환비용 감소
3 표준화

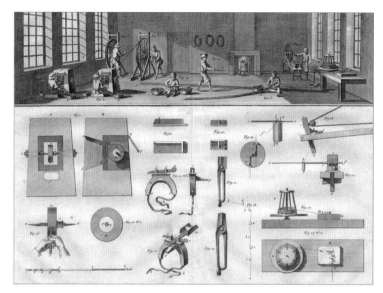

애덤 스미스 시대의 핀 공장 모습. 위쪽은 분업화된 작업 현장의 모습이고 아래쪽은 작업에 사용된 전문 장비들이다.

니다. 핀 공장 사례는 이런 자신의 주장을 생생하게 증명하기 위한 근거였죠.

생산량이 늘어나면 나라가 부유해진다…. 그게 왜 파격적인 주장이죠? 당연한 말 아닌가요?

지금 이 주장이 당연하게 느껴지는 이유는 우리가 이미 애덤 스미스의 생각을 받아들인 세계에 살고 있기 때문이에요. 국가의 경제 규모를 평가하는 가장 중요한 기준도 국내총생산(GDP)이잖아요.

그런데 애덤 스미스가 살던 18세기 중후반까지도 금화나 은화를 얼마나 많이 갖고 있는지가 국부를 계산하는 기준이었죠. 이게 이른바 **중상주의**적 사고입니다.

하지만 애덤 스미스는 국가의 부가 금고에 쌓인 돈에서 나오는 게 아니라고 주장했어요. 당장 사람들의 생계에 필요한 식량과 생필품도 부족한데, 금은보화만 많다고 해서 그 나라를 부유한 나라라고 부를 순 없잖아요? 금은보화만 모으고 있을 게 아니라 누구나 노동을 통해 먹고살 수 있도록 생산시설을 갖춰야 한다고 주장했어요. 그래야만 당시 심각한 사회문제였던 빈곤 문제가 해결되고, 사람들이 더 나은 생활을 누릴 수 있을 거라고 본 거죠.

애덤 스미스는 시장경제를 옹호한 사람이라고만 알고 있었는데 돈만 밝힌 건 아니었군요.

맞아요. 오늘날 애덤 스미스가 자유로운 시장질서의 혜택을 강조하는 경제학자의 대명사처럼 여겨져 간혹 시장 만능주의자라고 오해하는 분들이 계시는데, 꼭 그렇지만은 않아요. 애덤 스미스가 시장경제를 긍정했던 이유는 시장이 확대되어야 생산력이 증가하고 국부도 커질 수 있다고 믿었기 때문입니다.

결국 핵심은 생산력이네요.

애덤 스미스가 활동하던 18세기 영국 런던의 풍경

네, 특화와 분업을 통해 늘어난 생산량이 경제 발전의 시작이죠. 여러분이 앞에서 본 핀 공장 사례의 공장장이라고 상상해보세요. 생산량이 늘었으니 유통망을 넓혀 전보다 더 다양한 곳에 물건을 팔 수 있겠죠. 분업으로 공정을 세분화했으니 기계를 들여 생산을 자동화할 수도 있고요.

그러다 일반 핀으로는 판매량을 더이상 늘리기 어렵다는 판단이 들면 지금까지 핀을 팔아서 벌어들인 이익을 재투자해 새로운 기능이나 디자인을 보유한 상품을 개발할 수도 있을 겁니다. 녹이 슬지 않는 핀을 개발하거나 핀의 모양을 바꾸는 식으로요. 신제품이 출시된다는 건 새로운 시장이 열린다는 뜻이에요. 특화와 분업이 기술력 증가로, 다시 시장 확대로 연결되는 겁니다.

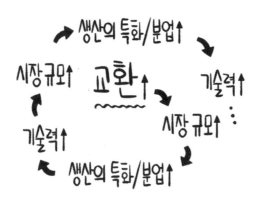

비엔나소시지처럼 줄줄 이어지네요.

하하, 알맞은 비유네요. 교환이 활발해지면 시장이 커지고 특화와 분업이 일어난다. 이게 기술의 진보로 이어지고 새로운 시장을 등장시킨다. 확대된 시장에서 또 특화와 분업, 다시 기술의 진보…. 우리는 이 선순환에 주목해야 합니다. 바로 이 선순환으로 이전까지 세계와 구분되는 근대경제의 출현을 설명할 수 있어요.

분업과 특화로 경제성장을 설명하다

근대경제라는 게 중요한가요?

그럼요. TV 뉴스나 신문에서 '경제성장'이라는 말을 많이 들어보셨을 텐데요. 이 말을 본격적으로 쓸 수 있는 경제가 근대경제부터예요. 더 정확하게는 애덤 스미스가 살았던 18세기 중후반, 산업혁명이 막 일어난 시기부터 현대까지입니다. 이보다 더 옛날 사람들은 경제가 성장할 수 있다는 생각조차 못 했죠.

경제성장률이 높다느니 낮다느니 하는 말은 들어봤어요. 그게 언제나 관심사였던 건 아니군요.

경제성장이란 말 그대로 경제 규모가 팽창한다는 의미입니다. 재화와 서비스가 생산, 유통, 소비되는 과정 전반이 커지죠. 예컨대 기업의 수와 일자리가 늘어나고 사회 전체에 돈이 활발히 돌며 경기가 활기를 띠는 상황이라면 그 사회의 경제는 성장하고 있는 거예요. 그래서 경제성장률은 정부의 국정 수행 능력이나 국력을 평가할 때 지표가 되기도 하죠.

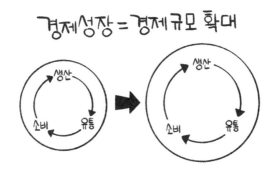

경제성장 = 경제규모 확대

저는 경제성장이라는 말이 익숙해서 그런지 너무 당연하게만 느껴져요.

꾸준히 경제성장이 일어나는 환경에서 살아왔으니 그럴 만도 하죠. 하지만 지금 기준으로 보면 산업혁명 이전까진 세계 어느 문명권이든 경제가 거의 정체돼 있었어요. 1인당 소득이 좀처럼 증가하는 법이 없었고, 증가한다 해도 아주 미미한 수준이었죠.

내 연봉이 부모님이 받던 정도와 똑같을 수도 있다는 거네요.

비슷하겠네요. 어쩌다 1인당 소득이 증가하는 일이 있었지만 일시적인 현상일 뿐이었습니다. 소득이 늘어나 생활 환경이 좋아지면 출생률은 높아지고 사망률은 낮아져 인구가 많아진다는 게 문제였죠. 일할 사람이 넘쳐나니 1인당 소득이 다시 쪼그라들었어요. 반대로 소득이 너무 줄면 출생률이 낮아지고 사망률이 높아지면서 1인당 소득이 다시 상승했죠.

이 과정이 수천 년간 반복돼, 1인당 소득이 큰 변동 없이 유지됐습니다. 이렇게 일정 수준 이상 소득이 상승하지도 하락하지도 않는 현상을 **맬서스의 덫**이라고 불러요. 인류의 생활 수준이 영영 빈곤한 상태에서 벗어날 수 없을 거라고 분석한 경제학자 토머스 맬서스의 이름을 따서 붙여졌죠.

맬서스의 덫 (1)

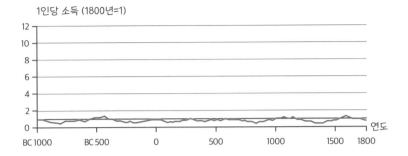

유럽의 1인당 소득이 덫에 걸린 듯 일정 수준 이상 올라가지 못하는 모습이다.

출처: 클라크, 그레고리 지음, 이은주 옮김, 『맬서스, 산업혁명, 그리고 이해할 수 없는 신세계』, 한스미디어(2009), p.24

그래프를 보니 정말 덫에 걸린 것처럼 못 올라오는군요?

그렇습니다. 수백, 수천 년 동안 이어진 맬서스의 덫이 당시 사람들에겐 진리처럼 느껴졌을 거예요. 하지만 그런 생각을 정면으로 반박하듯 19세기부터는 1인당 소득수준이 빠르게 상승합니다. 상승 추세가 계속되더니 마침내 덫에서 탈출했죠. 애덤 스미스의 통찰처럼 생산성이 크게 향상된 결과였습니다. 생산의 선순환 과정이 소득이 정체된 전통경제의 문을 닫고 꾸준히 성장하는 근대경제의 문을 연 거죠. 불행인지 다행인지 대학자 맬서스는 자신의 이름을 딴 맬서스의 덫이 사상 처음으로 깨지고 있다는 사실을 제대로 깨닫지 못하고 세상을 떠났습니다.

맬서스의 덫 (2)

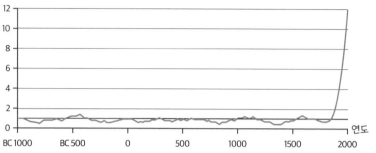

1인당 소득 (1800년=1)

산업혁명 이후 생산성이 향상되자 유럽의 1인당 소득이 가파르게 성장했다. 맬서스의 덫에서 마침내 탈출하면서 본격적으로 근대경제가 시작되었다.

출처: 클라크, 그레고리 지음, 이은주 옮김, 『맬서스, 산업혁명, 그리고 이해할 수 없는 신세계』, 한스미디어(2009), p.24

덫에서 벗어났다니까 속이 다 시원해요.

물론 경제성장의 원리를 하나로 설명하기는 어렵습니다. 생산의 분업과 특화 외에도 국가 정책과 제도, 인구 조건이나 인프라도 영향을 미칠 거고요. 애덤 스미스는 크게 주목하지 않았던 기업의 연구개발 및 장기적인 투자가 성장을 주도하는 경우도 많죠.

하지만 그럼에도 특화와 분업이 경제성장을 자극하는 중요한 요인이라는 점을 강조하고 싶어요. 지금도 특화와 분업에 힘입어 시장은 커지고, 경제는 성장하고, 사회는 끊임없이 전문화되고 복잡해지고 있습니다.

우리나라가 베트남보다 운동화를 못 만들까?

19세기에 인류가 빈곤 상태를 벗어날 수 없다고 주장한 맬서스와 정면으로 부딪친 사람이 한 명 있었어요. 바로 데이비드 리카도라는 경제학자입니다. 리카도는 잘나가는 증권업자였는데 휴가 때 애덤 스미스의 책을 읽고 경제학을 본격적으로 공부하기로 마음을 먹었대요. 결국 후대에 이름을 남긴 위대한 경제학자가 되었으니 애덤 스미스의 영향력이 참 대단하죠?

맬서스와 달리 리카도는 국제무역을 통해 전 세계가 함께 성장할 수 있다고 보았습니다.

장밋빛 전망이네요. 그렇게 생각한 이유가 뭔가요?

아주 익숙한 우리나라와 베트남 간 무역을 예로 들어볼게요. 지금 우리나라는 베트남에 반도체를 많이 수출하는 반면 베트남은 우리나라에 운동화를 많이 수출하고 있습니다. 우리나라는 반도체에, 베트남은 운동화에 특화하고 부족한 부분은 서로 무역을 통해 얻는 겁니다. 이처럼 국가별로 특화가 이루어지는 까닭은 개인이 분업하는 이유와 비슷해요. 노동 시간을 늘리지 않고도 분업으로 생산성이 개선되는 것처럼 국제적인 특화도 한정된 자원을 효율적으로 이용할 수 있게 해주죠. 이런 이유에서 리카도는 무역이 가져다주는 이득에 주목했습니다.

반도체 강국!

운동화 강국!

개인이 특화하는 게 맞다면 국가도 특화하는 게 맞을 것 같네요.

좋아요. 그렇다면 한 가지 더 질문해보겠습니다. 왜 우리나라는 특별히 반도체 생산에 특화했고, 베트남은 반도체가 아니라 운동화 생산에 특화한 걸까요?

그야 우리나라는 베트남보다 반도체를 더 잘 만들고 베트남은 운동화를 더 잘 만들 수 있기 때문 아닐까요?

네, 무엇보다 두 나라가 가진 생산요소가 다르기 때문입니다. 저렴하고 풍부한 노동력을 가진 베트남은 운동화 같은 노동집약적 산업이 특히 발달했고, 뛰어난 기술력을 갖춘 우리나라는 반도체처

베트남 나짱 시에 있는 의류 공장. 베트남에는 저렴하고 풍부한 노동력을 이용한 섬유, 잡화 등 경공업이 주로 발달했다.

럼 기술집약적 산업을 발전시킨 겁니다.

그런데 한 가지 의문이 드네요. 정말로 베트남이 우리나라보다 더 적은 비용으로 더 질 좋은 운동화를 생산해낼 수 있을까요?

그러게요. 우리나라 공장에 최신식 기계를 많이 들이면 베트남보다 더 적은 비용으로 좋은 운동화를 만들 수 있을 것도 같고….

역시 팔은 안으로 굽는 걸까요. 제 생각에도 어쩐지 우리나라가 베트남보다 반도체를 더 잘 만드는 건 물론이거니와, 운동화도 충분히 더 잘 만들 수 있을 것 같습니다. 만약 그렇다면 우리는 왜 운동화를 직접 만들어 신지 않고 굳이 베트남에서 수입해오는 걸까요?

글쎄요. 각자 잘하는 걸 하는 게 특화인데 한쪽이 둘 다 잘한다면….

분명 국가별로 특화하는 게 좋다고는 했는데, 이쯤 되니 헷갈리죠? 결론부터 말씀드리자면 아무리 우리나라가 베트남보다 운동화를 두 배, 세 배 더 잘 만든다 해도 베트남에서 운동화를 수입해오는 게 베트남뿐 아니라 우리에게도 더 이득입니다.

우리나라가 둘 다 만드는 것보다요? 대체 왜죠?

축구선수는 파열된 동관을 수리해야 할까?

지금부터가 리카도 이론의 핵심이라고 할 만한 내용입니다. 이해를 돕기 위해 사례를 하나 만들었어요. 우리나라를 대표하는 축구선수 S 씨가 해외 리그에서 100억 원대 연봉을 받으며 활약하고 있다고 해봅시다. 시급으로 환산하면 시간당 500만 원에 가까운 돈을 받고 있죠.

와, 시간당 500만 원…. 꿈같은 일이네요.

그런데 신체 능력을 타고난 이 선수는 축구만 잘하는 게 아니라 손재주도 좋아서 자기 집의 망가진 설비를 척척 고쳐냅니다. 과장 좀 보태서 전문 수리업체보다 일 처리가 두 배 정도 빠르다고 해보죠. 어느 추운 겨울날, 한파를 이기지 못하고 S선수가 사는 아파트의 보일러 동관이 완전히 파열되는 사건이 일어납니다. 시간당 5만 원을 요구하는 전문 수리공을 불러 이를 수리하면 20시간이 걸립 니다. 그러니까 총 100만 원이 드는 상황이죠. 하지만 S선수가 직접 나선다면 10시간이면 수리 가능합니다. 이 상황에서 S선수는 파열된 동관을 직접 수리하려고 할까요?

글쎄요. 사람 부르는 것도 일이고 100만 원을 아끼기 위해서라도 자기가 직접 고치지 않을까요?

하지만 관점을 달리 해서 이런 상황이라 보면 어떨까요? S선수가 동관을 고칠 시간에 경기에 나가 축구를 하면 시간당 500만 원을 받을 수 있다고 말입니다. 같은 10시간 동안 축구로는 약 5,000

만 원을 벌 수 있는데, 이것과 비교하면 수리공에게 지불하는 100만 원 정도야 얼마 안 되는 돈 아닐까요? S선수가 시간과 돈을 아끼려고 오기를 부려 동관을 고친다면 100만 원을 얻자고 오히려 5,000만 원을 버리는 셈이 되는 겁니다.

4,900만 원을 포기하는 셈이네요.

'A를 할 시간을 아껴 대신 B를 한다', 이게 바로 **기회비용**을 고려한 선택이에요. 기회비용이란 하나를 선택함으로써 포기하게 되는 다른 대안의 가치를 의미합니다. S선수의 경우를 따져보면 수리에 대한 기회비용은 축구의 가치인 5,000만 원이고 축구에 대한 기회비용은 수리의 가치인 100만원인 거죠. 당연히 기회비용이 작은 축구를 선택하는 게 이득입니다.
물론 현실에서는 개인의 성향에 따라 직접 수리하겠다는 사람도 있을 거예요. 하지만 적어도 경제적으로 합리적인 선택은 아니에요.

사람마다 다른 선택을 할 자유가 있지만 합리적 선택인지 아닌지는 기회비용을 보면 판단할 수 있다, 이 말씀이시군요.

그렇죠. 이번에는 반대로 S선수가 고용한 수리공의 관점에서 생각해봅시다. 수리공도 축구를 아주 못하진 않아서 축구로 시간당 1만 원을 벌 수 있다고 가정할게요. 수리공에게는 축구와 수리 중 어느 쪽이 더 합리적인 선택일까요?

아까 시간당 수리비가 5만 원이라고 하셨으니까… 당연히 수리 아닐까요? S선수처럼 축구로 돈을 많이 벌 수 있는 사람은 아니니까요.

맞아요. 큰 이변이 있지 않은 이상 수리공이 S선수처럼 세계적인 축구선수가 되기는 힘들겠죠. 그래서 수리공 입장에서는 축구보다 수리를 하는 게 더 좋습니다.

이 상황을 경제학 용어로 표현해보면 S선수는 축구에, 수리공은 수리에 **비교우위**가 있다고 말합니다. 반대로 S선수는 수리에, 수리공은 축구에 비교열위가 있다고 말할 수도 있죠. 한편 두 가지를 다 수리공보다 잘하는 S선수가 축구와 수리 모두에 **절대우위**가 있고 수리공은 축구와 수리 모두에 절대열위가 있다고 할 수도 있습니다.

'청기 들어, 백기 들어' 게임이 생각나네요. 비교우위, 절대열위, 절대우위, 비교열위….

하하, 어려울 건 없어요. 수리와 축구라는 종목을 놓고 두 사람의 능력을 단순하게 비교했을 때는 S선수가 두 분야 모두에서 더 뛰어납니다. 절대우위에 있는 거죠. 하지만 축구를 할 때 S선수는 수리공보다 시간당 500배를 더 벌고, 수리를 할 때는 2배밖에 더 못 법니다. 그러니까 S선수는 축구를 선택해야 합리적입니다. 반대로 수리공은 수리를 선택해야 하고요. 아무리 능률이 더 좋다 해도 S 선수가 두 가지 일을 다 하는 건 합리적이라 볼 수 없습니다.

두 사람 각각의 기회비용을 따져보면 절대우위와는 별개로 S선수 는 축구에, 수리공은 수리에 비교우위를 갖습니다. 그리고 각자 비 교우위가 있는 분야를 집중적으로 하고 나머지를 교환하는 게 두 사람 각자에게, 그리고 사회 전체로도 최선이죠. 개인의 기회비용 도 줄이고 전체 생산성도 높일 수 있는 겁니다.

S선수가 축구건 수리건 혼자 해버리는 게 나을 줄 알았는데 따져 보니 자기에게도, 남에게도 손해였네요.

그렇습니다. 이 구도가 국가 간 무역에도 그대로 적용됩니다. 다시 우리나라와 베트남으로 돌아가 보죠.

불과 50년 전, 1970년대까지 우리나라에선 부산 지역을 중심으로 신발 산업이 발달했습니다. 부산에 세계 최대 규모의 신발 공장이 있을 정도였죠. 하지만 반도체나 스마트폰 같은 첨단산업에 경쟁력을 갖추게 된 지금, 신발 제조업은 우리에게 기회비용이 너무 큰 산업이 됐습니다. 그래서 이제는 첨단산업에 한정된 자원과 인력을 집중 투자하고 있는 거예요. 반면 당장 경쟁력 있는 반도체를 생산할 능력이 충분치 않은 베트남은 운동화를 수출하며 수익을 내는 거고요.

우리나라는 우리나라대로, 베트남은 베트남대로 최선을 선택하고 부족한 부분은 무역으로 메꾸게 된 결과군요.

바로 그렇습니다. 핵심은 사람이든 국가든 최소한 한 가지 분야에서는 반드시 비교우위가 있다는 겁니다. 한 선택의 기회비용이 크다면 다른 선택의 기회비용은 작을 수밖에 없기 때문에 두 사람의 기회비용이 우연히 같지 않은 한 누구나 상대에 대해 비교우위 하나를 갖게 되죠.

잘하는 게 없더라도 비교우위를 갖게 된다는 뜻이 맞나요?

부산 자갈치 시장의 한 신발 가게. 부산은 1960~1970년대 신발 수출에 힘입어 우리나라 제1의 무역항으로 발돋움했으나 이제 신발 산업에서 비교우위를 잃었다.

맞아요. 아주 잘난 사람과 경쟁해야 할 때도 희망은 있어요. 더 잘하는 건 없을지라도 덜 못하는 건 반드시 존재하니까요. 내가 더 잘하는 게 없다고 기죽어 있을 게 아니라 덜 못하는 걸 열심히 하면 되는 겁니다. 수리공은 S선수에 비해 수리 속도도 느리고 축구도 잘 못하지만, 둘 중에서 기회비용이 작은 수리를 선택한 것처럼요. 그 선택이 결과적으로는 두 사람 모두에게 도움이 됐습니다.

그렇게 말씀하시니 갑자기 위로받는 것 같아요. 이 넓은 세상에서 모두가 다 자기 역할이 있고 할 일이 있군요.

네, 아무리 잘나가는 기업이나 위대한 국가라도 모든 생산을 독점하는 건 바람직하지 않습니다. 각자 비교우위를 가지고 있는 분야에 집중했을 때 사회의 총생산량이 증가하고 결과적으로 더 많은 사람이 그 혜택을 누릴 수 있죠.

이 내용이 바로 리카도가 주장한 **비교우위이론**입니다. 역사상 가장 중요한 경제학 이론 중 하나죠.

경제학 이론이라고 해서 너무 어려운 내용은 아니네요. 리카도의 이론을 이해하다니 뿌듯해요.

그렇다면 다행입니다. 리카도가 살았던 19세기 초반에만 해도 영국 지도층 대다수가 중상주의적 사고를 가지고 있었습니다. 이들이 볼 때 해외에서 상품을 수입하는 건 국부인 금화나 은화를 유출시켜 국력을 약하게 만드는 일일 뿐이었어요. 식민지에 강제로 수출하는 건 나라에 돈을 끌어오는 일이라 찬성하면서도 외국산 상품을 수입할 때는 강한 거부감을 보였습니다. 대표적으로 1815년에 제정된 '곡물법'을 보면 알 수 있어요. 밀 한 포대 가격이 일정 수준 이상으로 매우 비쌀 때만 밀의 수입을 허용한다는 내용의 법입니다. 저임금 공장 노동자를 포함해 대다수 밀 소비자는 이 법에 불만을 가질 수밖에 없었죠.

대다수 사람이 싫어하는 법이 왜 억지로 만들어진 건가요?

모두 다 곡물법을 싫어한 건 아니었어요. 당시 영국 의회에서 가장 힘 있는 세력은 지주 세력이었는데, 이들은 밀을 파는 입장이었으니 저렴한 곡물이 수입되지 않아야 이득이었습니다. 당연히 곡물법을 적극 지지했지요. 경제학자 중에는 맬서스가 곡물법을 지지했습니다.

맬서스의 출신이 지주였나요? 왜 경제학 이론에 반하는 법을 지지했는지 이해가 가지 않는데요.

맬서스는 이렇게 생각했어요. '국가 경제가 잘 돌아가려면 누군가는 계속해서 상품을 소비해야 한다. 그런데 이런 역할을 할 수 있는 구매력 있는 계급이 지주밖에 없다. 따라서 지주의 소득을 뒷받침해주는 제도가 필요하다.' 이게 맬서스의 논리였습니다.

돈 쓸 사람이 지주뿐이니 지주의 소득을 보장하라니요. 너무 편파적인데요.

맞습니다. 곡물 가격이 곧 생활비였던 공장 노동자들은 당연히 받아들일 수 없는 얘기였어요. 또한 공장 노동자의 생활비가 높아지면 임금을 높여줘야 하니까 공장주들도 곡물법에 반대했죠. 하지만 의회 결정에는 지주의 입김이 강하게 작용해 공장주와 임금 노동자의 입장은 반영되지 않았습니다. 리카도는 비교우위이론을 내세우며 곡물법을 강력히 비판했지만, 안타깝게도 리카도가 죽고 난 뒤인 1846년이 돼서야 곡물법이 폐지됐습니다.

1840년대 곡물법 반대 시위의 모습. 정장을 갖춰 입은 공장주와 수수한 옷차림의 노동자가 모두 자유무역을 주장하고 있다.

열심히 이론을 만들었는데 뜻하던 일이 이루어지는 걸 보지 못하고 떠났군요.

네, 그렇지만 우여곡절 속에서 탄생한 비교우위이론은 오늘날 대부분의 경제학자가 무역을 옹호하는 근거가 되어 글로벌 무역질서를 지탱하는 이론적 토대 역할을 하고 있습니다. 사후에라도 이론의 타당성이 널리 인정받은 거죠.

지금까지 사람들이 왜 끊임없이 가진 것, 혹은 생산한 것을 교환하려 하는지에 대해 경제학적인 답을 찾아봤습니다. 쉽게 말해 서로 가진 게 다르고 잘하는 게 다르기 때문이었죠. 여기에서 한 발짝 더 나아가면 이런 의문이 듭니다. '그렇다면 내가 뭘 해야 하는지 어떻게 알지? 어떻게 알기에 이건 생산하고 저건 소비하게 된 걸까?' 이 역시 경제학의 오래된 이론, 비교우위이론으로 궁금증을 해소할 수 있었어요. 매사에 뛰어나 여러 분야에서 절대우위에 있는 사람조차도 반드시 교환하며 살아야 한다는 사실을, 꼭 기억하세요.

아이폰, 연결된 세계를 담다

비교우위이론이 모든 경제학 교과서에서 빠지지 않고 등장하는 공식 이론이 된 지금, 세계는 아주 복잡한 국제 분업으로 돌아가고 있습니다. 오른쪽에 보이는 스마트폰을 제작할 때처럼 말입니다.

아이폰 맞죠? 스마트폰의 대명사잖아요.

한 번에 맞추셨네요. 많은 사람이 매일 들여다보고 손에 쥐고 있지 않으면 불안해하는 바로 그 스마트폰입니다. 혹시 이 스마트폰의 원산지가 어디인지 아시나요?

음, 애플은 미국 기업이긴 한데 답이 그게 아니기에 물어보셨다는 건 알겠어요. 그렇다면 정답은… 중국! 인건비가 싸서 생산하는 데 유리할 거 같거든요.

꽤 그럴듯한 추론이지만 정답은 아닙니다. 사실 저도 정확한 답은

중국 주장 시의 전자 제품 공장. 저렴한 인건비를 노리고 글로벌 기업의 생산 공장이 중국에 몰려들면서 중국은 '세계의 공장'이라는 별명을 얻었다.

몰라요. 그리고 이 문제의 답을 한 번에 맞힐 수 있는 사람은 세상에 몇 없을 것 같군요.

네? 이게 그렇게 어려운 문제인가요?

정답으로 꼽을 나라가 한둘이 아니거든요. 2013년 미국의 한 보도사진가가 밝힌 바에 따르면 그때 이미 아이폰 생산 관련 업체가 748개에 달했습니다. 시간이 꽤 흘렀으니 지금은 그보다 훨씬 많아졌겠죠. 2020년 자료를 보면 부품이나 소재를 공급하는 기업들이 43개 국가에 흩어져 있다고 해요.

손바닥만 한 스마트폰 하나 만드는 데 43개 국가라니, 상상을 초월하는데요.

스마트폰 하나에 수백 수천 종의 원자재와 부품, 기술이 들어가기 때문입니다. 예를 들어 전원 공급 장치를 만들기 위해서는 탄탈럼이라는 원소가 필수인데요. 이 원소는 콩고민주공화국에서 채굴되는 콜탄이라고 하는 금속 물질을 가공해서 만들어집니다. 아프리카 광부들의 고된 노

휴대전화와 컴퓨터에 들어가는 콜탄은 매장량의 90% 이상이 콩고민주공화국에 있다.

동이 우리 스마트폰 안에 고스란히 담겨 있는 거죠.

그 외에도 내부 데이터가 보관되는 메모리 칩은 우리나라 기업 SK 하이닉스와 대만 기업인 TSMC 등에서 만들고요. 아이폰의 자랑인 카메라는 일본의 소니가 제공합니다. 손목의 스냅을 통해 화면이 좌우로 돌아가도록 만드는 자이로 센서는 이탈리아와 프랑스 기업이 만들고, 사람의 동작을 감지해 사용하지 않을 때 배터리를 절약해주는 칩은 네덜란드 제조업체가 담당하죠. 가벼운 터치에도 예민하게 반응하는 스크린은 미국 뉴욕에서, 세련된 디자인은 캘리포니아 애플 본사에서 완성됩니다. 태국, 싱가포르, 말레이시아 등에서 이 기술들을 적용한 수많은 부품을 만들고 마지막으로 주로 중국에서 조립돼요.

이렇게 부품 단위로 나뉘어 생산되고 있었다니… 한 회사에서 뚝딱 만드는 게 아니었군요.

그럼요. 생산했다고 해서 끝이 아닙니다. 아이폰이 세계 곳곳의 판매처로 이동하기 위해 미국과 러시아의 비행기가 동원되고, 기기의 수명이 다하고 나서 재활용하려면 다시 여러 국가의 광산 업체가 힘써야 한다고 해요. 결과적으로 폐기에 이를 때까지 중국 300개 기업, 일본 100개 기업, 미국 50개 기업이 동원된다고 하니 말하기도 입 아플 지경입니다.

스마트폰 하나 만드는 과정이 무슨 블록버스터급이네요….

하나의 사슬로 연결된 거대한 세계

스마트폰이나 TV 같은 복잡한 전자기기뿐 아니라 매일 사용하는 볼펜이나 텀블러 같은 흔한 일상용품도 모두 이런 국제적인 분업을 통해 만들어져요. 이런 분업 과정을 **공급사슬**이라고 합니다. 공장에서 직접 제품을 만드는 과정만큼이나 연구개발과 엔지니어링이 중요해진 최근 경향을 반영해 가치사슬이라는 표현도 많이 씁니다. 공급사슬을 통해 이제 세계는 전례 없이 깊이 얽혀 있어요.

사슬처럼 연결돼 있다는 뜻인가요?

네, 소비자에게 도착하기까지 상품은 복잡한 연쇄 과정을 거쳐야
해요. 기업은 하나의 제품을 만들기 위해 다양한 원자재를 이용하
고 그걸 중간재로 변환한 후 완제품으로 최종 유통하죠. 수많은 노
동과 자본을 활용하는 이 모든 과정이 하나의 조직이자 공급사슬
인 겁니다. 우리가 마주하는 매일의 일상도, 복잡한 현대 경제도
모두 그런 공급사슬을 거쳐 만들어지고 있습니다.

그 과정 속에 엄청나게 많은 나라가 포함돼 있는 거잖아요. 별 생
각 없이 쓰던 물건이 다시 보이네요.

우리나라의 반도체, 베트남의 운동화처럼 하나의 국가가 특정 산

업 전체를 특화하는 단계를 넘어, 산업 안에서 생산 단계별로 훨씬 복잡한 국제 분업이 일어난다는 게 중요합니다. 자동차 하나를 생산한대도 기획은 미국이, 설계는 이탈리아가, 디자인은 영국이 담당하는 식으로 분업하죠. 제작 단계 하나만 보더라도 원재료 공급은 브라질, 부품 생산은 말레이시아, 반제품 제조는 중국, 완제품 생산은 캐나다가 맡는 식입니다. 공정이 이 정도로 세분화되는 걸 **산업 내 분업**이라고 합니다. 가장 저렴한 가격으로 가장 좋은 품질의 상품을 만들기 위해 전 세계가 하나로 엮여 협력하는 시스템이죠.

국제 분업이 정교해질수록 소비자의 혜택은 커집니다. 전 세계에서 가장 저렴한 부품을 활용해 가장 생산성이 좋은 노동력과 기술력으로 만들어놓은 상품을 쓸 수 있게 되니까요. 2000년대 초반까지도 소수만이 가질 수 있었던 스마트폰 같은 고급 상품을 이제 어디서나 찾아볼 수 있게 된 데에는 공급사슬의 공이 상당히 큽니다. 그리고 이 공급사슬이 가능해진 게 바로 국가 간 무역이 자유로워진 덕분이죠.

하긴 무역이 자유로워야 분업이 가능하겠군요.

네, 사실 무역이 가져오는 이득은 우리 눈앞에 선명하게 드러나지 않는 경우가 많아 과소평가하기 쉽습니다. 하지만 알게 모르게 매 순간 변화와 혁신을 촉진하고 우리 생활을 풍요롭게 만들어주고 있는 게 바로 무역이에요.

저도 평소에는 잘 느끼지 못하다가 문득 세상이 엄청 빠르게 바뀌고 있다는 걸 실감할 때가 있어요.

맞아요. 지난 수천 년 동안 무역은 일부 사치품 위주로 이뤄졌고 소수 상인의 막대한 비용과 용감한 노력에 기대어왔지만, 현대 무역은 과거와 완전히 달라졌습니다. 우리 손에 들어오는 상품 대부분은 유달리 뛰어난 사람들이 장인 정신을 발휘하여 완성할 수 있는 게 아니죠. 그보다는 대다수의 평범한 사람들이 만들어낸 작은 조각들을 무역이라는 이음줄로 엮어낸 곳이 바로 우리가 살아가는 세계라고 할 수 있습니다.

시장의 규모가 커지면 생산량을 늘리기 위해 특화와 분업이 일어난다. 분업에 힘입어 인류는 낮은 소득의 덫을 벗어났고, 비교우위이론을 통해 아무리 뛰어난 나라라도 다른 나라와 무역하는 편이 더 낫다는 사실을 깨달았다.

수요 증가에 발맞춘 공급 변화	특화 생산자가 하나의 업종이나 산업에만 종사하는 것. → 교환이 활발해지고 시장 의존도가 커짐. 예시 브라질의 커피 원두, 지역 특산물 등 분업 한 상품을 생산하는 과정을 여러 단계로 나눠 특정 사람에게 맡기는 방식. → 생산량↑ 예시 핀 공장 사례 생산의 선순환 교환↑ → 시장 규모↑ → 생산의 특화·분업↑ → 기술력↑ → 교환↑ …
성장하는 경제, 성장하지 않는 경제	맬서스의 덫 인류의 1인당 소득이 일정 수준을 벗어나지 못함. → 산업혁명 이후 맬서스의 덫에서 벗어나게 됨. 이때부터 경제성장이 일어나는 근대경제가 확립.
비교우위이론	기회비용을 고려했을 때, 상대방보다 모든 분야에서 뛰어나더라도 (절대우위) 기회비용이 적은 한 분야만을 선택하는 게(비교우위) 경제적임. → 매사에 뛰어난 사람조차도 반드시 상품을 교환하며 살아가야 함.
가까워진 세계	이제는 나라별 특화뿐만 아니라 한 산업 안에서 생산 단계별로 복잡한 국제 분업이 이루어지고 있음. 예시 아이폰 공급사슬 국제적인 분업 과정을 뜻하는 말. 가치사슬이라고도 부름.

**한 사람에게 직접적으로 영향을 미치는 것은
모두에게 간접적으로 영향을 미친다.**

│ 마틴 루터 킹 │

03 연결된 세계의 그늘

#공급사슬 #노예무역 #식량 위기

전 세계를 연결시킨 공급사슬은 과거 어느 때보다 풍요로운 오늘을 만들어냈습니다. 하지만 화려함 뒤에 가려진 문제들이 있습니다. 이번에는 공급사슬과 무역의 참혹한 역사를 이야기해보려고 합니다.

무역은 윤리의 문제기도 하다

다음 페이지 사진은 콩고민주공화국에서 불법으로 콜탄을 채굴하는 모습이에요. 콜탄은 스마트폰을 포함한 거의 모든 전자제품에

불법 채굴장에서 콜탄을 캐는 광부들의 모습이 상당히 위태로워 보인다.

들어가는 원자재죠.

안전 장비 하나 없이 민소매 옷만 입은 사람이 일하고 있는데… 위험해 보여요.

콩고민주공화국에는 이런 불법 채굴장이 굉장히 많습니다. 남 일처럼 느껴질지 모르지만 우리가 사용하는 전자제품을 만드는 과정에서 일어나는 일이에요.

이 같은 상황을 초래한 문제의 시작은 1996년에서 2003년까지 약 8년간 벌어진 콩고 정부와 반군 사이의 내전입니다. 2차 세계대전 이후 가장 많은 사상자를 낸 이 전쟁에서 콩고 정부는 콜탄을 비롯한 자원을 채굴할 수 있는 권리를 이웃 국가에 팔아 부족한 군사력을 보충했습니다. 반군은 포로나 주민들을 데려다 불법적으로 자원을 채굴해 이익을 챙겼고요. 이때부터 기업들이 알게 모르게 불법 콜탄을 사들이는 관행이 시작됐는데, 전쟁이 끝난 지금까지도 그 문제가 계속되고 있습니다.

불법 채굴 과정에 아동 노동까지 동원했다는 사실이 밝혀지면서 논란이 더욱 거세졌죠. 이번엔 콜탄과 마찬가지로 각종 전자제품을 만드는 데 두루 쓰이는 원자재 코발트가 도마에 올랐습니다. 특히 배터리 생산에 꼭 필요한 핵심 물질이기도 한 코발트는 전체 생산량의 60%가 콩고민주공화국에서 나옵니다. 그런데 기사에 나온 것처럼 'IT 공룡 기업'인 애플과 테슬라 등이 한 단체로부터 고소를 당했어요.

"콩고 코발트 광산 '아동 착취'"…미 IT 공룡들 집단 피소

미국의 인권 법률 구호단체인 국제권리변호사회(IRA)는 15일, 민주콩고에서 코발트 광산 붕괴로 목숨을 잃었거나 크게 다쳐 불구가 된 어린이들의 보호자 14명을 대리해 연방법원에 집단소송

코발트를 채굴하는 데 아동 노동이 동원된 사실을 알면서도 묵인했다는 게 이들 기업이 고소당한 이유였죠. 애플은 아동을 착취하는 업체는 공급사슬에서 배제했다는 반박문을 냈지만, 테슬라를 비롯한 다른 기업들은 별다른 반박 자료를 내놓지 않았습니다.

세계적인 기업인데 너무 무책임하네요….

대부분 스마트폰을 가져본 적도 없을 아이들이 코발트를 채굴하다가 부상당하고 심지어 사망하기까지 했다는 사실이 참 씁쓸하고 아이러니하죠.

피해를 입는 건 인간뿐만이 아닙니다. 콩고에는 유네스코 세계자연유산으로 등재된 카후지 … 비에가 국립공원이 있어요. 아름다운 원시 열대림이 보존된 곳으로 다양한 동식물의 서식지죠. 멸종 위기인 마운틴고릴라의 서식지기도 하고요. 하지만 콜탄을 채굴하기 위해 고릴라를 죽이고 서식지를 광산 사업장으로 전환하는 일

콩고민주공화국의 마운틴고릴라. 서식지를 빼앗겨 생존을 위협받고 있다.

이 늘고 있습니다.

매년 나오는 신상품에 환호하기나 했지 그 때문에 어린아이와 고릴라까지 희생되고 있는 줄은 몰랐어요. 죄책감이 생기네요.

공급사슬의 윤리적 문제가 심각해지자 일부 기업과 국가는 문제 해결을 위한 행동에 나서고 있어요. 예를 들어 애플은 자사 공급사슬이 인권침해나 환경오염을 유발하진 않는지 조사한 보고서를 매년 발표하고 있습니다.

'착한 기업'이군요.

연이은 공급사슬 이슈로 나빠진 기업 이미지를 개선하기 위해서기도 하고 공급사슬에 문제가 생겨 부품 수급이 곤란해질 만일의 상황에 대비한 방책이기도 하겠죠. 공급사슬을 가진 대기업들의 본사가 자리한 미국은 콩고민주공화국의 콜탄처럼 내전 지역에서 생산된 광물을 사용할 경우 기업이 그 사실을 공개하도록 강제하는 법안을 만들기도 했습니다. 이런 사례를 보면 무역이 주는 이득이 아무리 커도 무역에 일정한 제약이 필요하다고 느끼게 되죠.

모든 게 다 상품이 될 수 있을까?

교환해야 이익이 커진다는 말이 무엇이든 제한 없이 교환해도 좋다는 뜻은 아닙니다. 장시간 노동을 금지하는 '주 52시간제'가 좋은 예죠.

주 52시간제는 일주일에 52시간만 일해야 한다는 법이죠? 그게 교환에 제약을 두는 건가요?

노동을 무한정 매매하지 못하도록 제한하니까요. 노동과 임금을 일주일에 52시간만 교환할 수 있도록 정해둔 상한선이죠. 반면 최

마약성 물질인 마리화나 사용의 합법화를 요구하는 시위. 강력한 각성 효과 때문에 세계 대부분 나라에서 거래를 금지하고 있지만 미국, 캐나다 등에서는 규제를 완화하고 있다.

저임금은 노동 가격의 하한선이고요.

교환을 제약하는 규제는 우리 주변에 생각보다 많습니다. 인신매매나 장기매매를 금지하는 것처럼 교환 품목을 규제하는 경우도 있죠. 여러분이 생각하기에 절대 교환해선 안 되는 게 있다면 무엇일까요?

사람 목숨은 사고팔면 안 되죠. 건강을 해치는 물건이나 마약도 그렇고요.

네, 마약성 물질처럼 사람 목숨과 건강을 위협하는 물건은 대표적인 거래 금지 품목이죠. 그밖에도 사례가 많습니다. 코끼리 상아나 코뿔소의 뿔처럼 멸종 위기종인 동물을 보호하기 위해 금지된 품목도 있고요. 미국 금주법 시대의 술처럼 특정 시대에 일시적으로 매매가 금지됐던 상품도 있죠.

지금은 거래가 안 되는 게 당연하지만 과거에는 거래 대상이었던 것 중에 투표권이 있어요. '1인 1표'라는 선거 원칙이 당연해지기 전, 18세기 영국에선 지주가 농민의 투표권을 사는 일이 비일비재했습니다. 그때만 해도 비밀투표, 직접투표 같은 투표 원칙이 제대로 갖춰지지 않아 투표권 매매가 빈번하게 발생했죠. 영국 의회가 수차례 선거법을 개정한 다음에야 투표권 매매가 근절될 수 있었습니다.

그러면 부작용이 엄청 컸겠어요. 부당한 절차로 당선된 권력자가 등장한다든가 하는….

맞아요, 세상의 많은 일이 그렇지만 혜택이 크면 위험성도 커집니다. 공급사슬도 예외가 아니에요. 공급사슬을 이전보다 좋은 방향으로 이끌려면 우리가 무심코 사용하는 물건이 실제로 어디에서, 누구의 손을 거쳐 왔는지에 관심을 기울여야 합니다. 인류 역사상 가장 참혹했던 사건을 반복하지 않기 위해서라도 말이죠.

역사상 가장 끔찍한 무역

지금까지 들은 이야기도 되게 심각하다고 생각했는데 이보다 더한 게 있나요?

그 이야기를 하려면 15세기 말 유럽으로 시곗바늘을 돌려야 합니다. 1492년 콜럼버스가 대서양을 가로질러 유럽에서 아메리카 대륙으로 이동하는 항로를 발견하며 '대항해시대'를 열었을 때로 말이죠.

콜럼버스의 항로 발견은 무역의 역사에서 아주 중요한 사건입니다. 이 사건을 계기로 역사상 처음으로 유럽, 아프리카, 아메리카

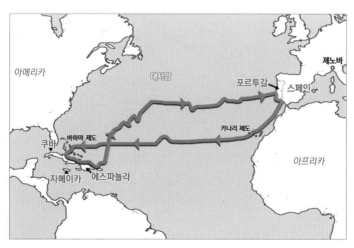

콜럼버스의 첫 항해 경로

세 대륙을 연결하는 무역이 시작됐거든요. 세 대륙 간 무역이 이루어진 방향을 따라가면 삼각형 모양이 나와서 **삼각무역**이라고도 부릅니다. 아래 지도에서 유럽, 아메리카 그리고 아프리카 세 대륙을 삼각형으로 연결하는 무역망이 보이나요?

어렴풋이 보이긴 하는데 삼각형 모양이라는 게 중요한가요?

두 지역이 필요한 상품을 교환하는 데서 끝나는 게 아니라 다른 지역을 한번 거쳐 돌아 거래가 이루어졌다는 게 중요해요. 그만큼 교역망이 다양하게 만들어진 셈이니까요. 다음 페이지 그림을 보세요.

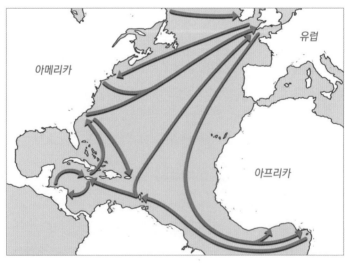

삼각무역의 경로. 콜럼버스의 신항로 개척을 계기로 유럽-아프리카-아메리카를 연결하는 대륙 간 무역이 가능해졌다.

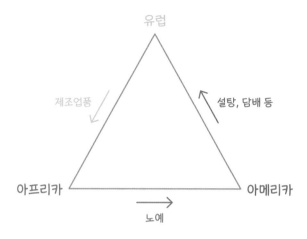

유럽에서 아프리카로, 아프리카에서 아메리카로, 다시 아메리카에서 유럽으로 연결되는 교역망이 보이죠.

각 대륙은 서로 다른 상품에 특화하고 있었어요. 유럽은 아프리카에 직물과 무기를 비롯한 제조업품을 수출했고, 아프리카는 아메리카에 노예를, 아메리카는 다시 유럽에 설탕과 담배 등을 수출했습니다.

다른 것보다 노예라는 글자가 눈에 띄는데요.

맞아요. 대항해시대 때에는 인류의 가장 추악한 과거 중 하나인 노예무역이 대규모로 이루어졌습니다. 당시 유럽인들은 제조업품을 가지고 아프리카로 갔고, 거기서 제조업품을 팔아 노예상들에게 노예를 사들이거나 인근 부족들을 공격해 사람들을 납치했어요. 유럽인들은 아프리카에서 데려온 노예들을 대서양 건너 아메리카에 팔았고, 그 대금으로 아메리카에서 설탕, 담배, 인디고, 면화 등 유럽엔 없던 작물들을 구매했습니다. 최종적으로 이 상품들을 유럽에서 비싼 가격에 팔았죠. 참혹한 노예무역의 시작이었어요.

꽤나 체계적인 방식이라 더 잔인하게 느껴져요.

그렇죠. 대부분의 역사가 그렇듯 무역의 역사 역시 폭력으로 얼룩져 있는데, 그중에서도 가장 부끄러워야 할 부분이라고 생각합니다. 물론 대항해시대 이전에 노예무역이 없었던 건 아니에요. 고대 로마제국에서도, 중세 이슬람 세계에서도 노예무역은 공공연한 일이었습니다. 다만 대항해시대의 삼각무역은 규모 면에서 이전과는 차원이 다른 노예 거래를 보여줍니다.

오른쪽 그림을 보시면 당시 어떤 방식으로 노예를 선박에 실었는지 알 수 있어요. 조금이라도 많이 실어 나르기 위해 빈 곳 하나 없이 빽빽하게 노예를 배치했습니다. 선상 반란이 일어나는 걸 막기 위해 발목은 족쇄로 묶었지요. 토사, 용변, 땀으로 뒤범벅된 노예들은 옴짝달싹하지 못하고 대략 2개월을 버텨야 했으니 정말 생지옥이 따로 없었을 겁니다.

너무 비인간적이고 끔찍하네요. 고작 몇 시간 비행기 타는 것만 해

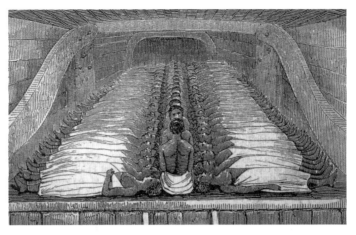

노예선 내부 모습. 선박에 틈 하나 남기지 않고 노예들을 빽빽하게 배치했다.

도 답답하고 힘든데 저런 상황을 대체 어떻게 버텼을까요….

대항해시대 동안 이렇게 끔찍한 방식으로 아메리카에 팔려온 노예 수가 약 1,100만 명이라는 통계가 있습니다. 항해 도중 굶주림이나 전염병 등으로 인해 사망한 수가 전체의 10~20%로 추정되니까, 애초에 아프리카를 떠난 노예의 수는 적어도 1,200만 명 이상이었을 겁니다.

지금 우리나라 인구가 5,000만 명 정도니까… 대략 네 명 중 한 명 수준이네요. 애초에 왜 이렇게 많은 사람이 필요했던 거죠? 아메리카에 가서 대체 뭘 했길래요?

여러 이유가 있었지만 아프리카인이 아메리카로 끌려간 가장 큰 이유는 설탕을 만들기 위해서였습니다. 우리가 하루에 몇 수저 정도 먹을 법한 흔한 조미료, 설탕이 노예무역을 일으킨 결정적 원인이었죠.

하루에 몇 수저나요? 저는 설탕을 그렇게 많이 먹지 않는데요.

과연 그럴까요? 우리는 모르는 사이에 엄청난 양의 설탕을 매일 먹고 있습니다. 목을 축이려 마시는 음료에, 식사 대용으로 먹는 빵에, 야식으로 먹는 달콤한 양념 통닭 소스에 모두 설탕이 들어가

달콤한 설탕은 수많은 아프리카인 노예가 아메리카로 끌려간 원인 중 하나였다.

있습니다. 각종 찌개나 밥에도 단맛을 내기 위해 설탕을 넣을 때가 많습니다. 설탕이 없을 때조차 옥수수 당분이나 올리고당, 꿀 등으로 단맛을 내려고 하는 걸 보면 달콤함만큼 인간을 사로잡는 맛이 없다는 생각이 들어요.

그래서일까요. 설탕, 이 작고 반짝거리는 결정은 오랜 시간 인간의 마음을 사로잡다 못해 인류사에 지울 수 없는 상흔을 남겼습니다.

달콤함에 매혹된 사람들과 희생된 사람들

우리가 익히 들어본 인종차별 사건은 대부분 그 배경이 미국이기 때문에 노예무역이 미국만의 문제라고 생각하는 경우가 많습니다. 하지만 1450~1900년 사이에 노예선을 타고 대서양을 건넌 아프리카인 가운데 미국이 있는 북아메리카 대륙으로 보내진 수는 전체의 4~5%에 불과했습니다. 70% 이상이 브라질을 포함한 남아메리카 대륙과 카리브해 연안으로 이동했지요.

카리브해는 또 어디죠?

다음 페이지 지도에서 보이듯 남아메리카 대륙과 쿠바, 도미니카공화국으로 둘러싸인 바다예요. 콜럼버스가 아메리카를 발견했을 때 처음 도착한 지역이 바로 여기죠. 카리브해 인근은 일 년 내내 큰 기온 변화 없이 날씨가 따뜻해서 열대성 작물이 잘 자라기로 유명해요. 대표적인 작물이 사탕수수입니다. 대부분의 노예가 카리브해 연안과 남아메리카로 이주했던 가장 큰 이유는 이 지역에 대규모 사탕수수 재배 농장이 있었기 때문이에요. 카리브해로 끌려간 아프리카인 대부분이 사탕수수를 수확하고 줄기 부분에 들어 있는 당을 가공해 설탕을 만드는 노동에 투입됐죠.

설탕을 만들게 하려고 보낸 거였군요.

카리브해에는 700여 개의 크고 작은 섬이 분포해 있는데, 대부분 카리브해의 북쪽과 동쪽 가장자리에 위치해 있으며, 상당수는 화산섬이다.

사탕수수 농장의 풍경

그런데 사실 대항해시대 전까지는 카리브해 부근에 사탕수수 농
장이 없었어요. 사탕수수의 원산지는 멀리 떨어진 남태평양 뉴기
니섬이거든요. 뉴기니 주민들이 처음 사탕수수를 재배하기 시작한
이래로 오랫동안 사탕수수는 아시아와 유럽에서만 자랐습니다.
바다를 건너 아메리카 대륙으로 사탕수수를 전파한 사람은 역시
나 콜럼버스였습니다. 콜럼버스가 쿠바 근처에 들여와 재배한 사
탕수수가 카리브해 전역으로, 또 브라질을 비롯한 남아메리카로
번져나갔죠.

그런데 바다를 건너면서까지 아프리카 노예들을 데려올 필요가
있었나요? 유럽인들 입장에서는 아메리카 현지 원주민을 노예로

부리는 게 더 쉬웠을 것 같은데….

좋은 질문이네요. 몇 가지 이유가 있었습니다. 먼저, 당시 빠르게 확산된 감염병 때문에 아메리카 대륙의 원주민 인구가 크게 감소했어요. 감염병인 천연두, 홍역, 발진티푸스 등이 유럽인들과 함께 바다를 건너왔기 때문이죠. 유럽인들이야 이미 어느 정도 면역력을 갖춘 상태였지만, 아메리카 원주민들은 처음 맞닥뜨린 신종 감염병에 속수무책으로 당했습니다. 감염병으로 아메리카 원주민들이 대거 사망하자 유럽인들은 부족해진 일손을 아프리카 노예로 대신하려 했던 거죠.

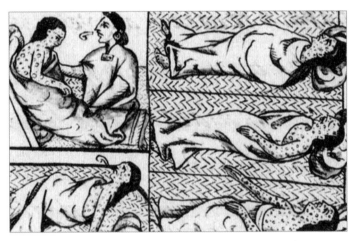

아메리카 원주민이 직접 그린 그림. 천연두의 대표적 증상인 피부발진으로 고통받는 사람이 묘사돼 있다.

노예로 납치한 것도 모자라 감염병을 옮기기까지 했군요. 그러고는 노예무역을 하고요. 참 괘씸하네요.

대항해시대 이후 유럽인들의 식문화가 다양해진 점도 노예무역이 필요해진 중요한 배경이었어요. 차, 코코아, 커피 등이 이때 처음 유럽 대륙으로 건너가 인기를 끌었는데, 유럽인들이 새로운 음료에 설탕을 넣어 먹는 일에 완전히 매료됐던 거예요.

지금도 사람들이 카페에서 달달한 음료 마시는 거 좋아하잖아요.

지금처럼 설탕이 풍족한 시기에도 그 정돈데 설탕을 처음 맛본 사람들은 완전히 황홀경을 느꼈겠죠. 각종 차에 설탕을 타 먹는 게 부를 과시하는 수단으로 자리 잡으면서 영국 상류사회에는 다소 괴이한 유행이 번지기도 했어요. 파티에 치아 주위를 검게 칠하고 오는 사람들이 생겨난 겁니다. 설탕을 너무 많이 먹은 탓에 충치가 생겼다고 자랑하려던 거죠. 설탕의 인기가 이 정도로 치솟았으니 노예무역의 규모 또한 계속 커질 수밖에 없었습니다.

멀쩡한 치아를 일부러 검게 칠하다니… 우습기도 한데 진짜 설탕의 인기가 엄청났나 보네요.

그렇습니다. 마지막으로 설탕의 제조 공정 자체가 상당히 많은 노

사탕수수를 작업하는 현장. 건물 뒤쪽 사람들은 사탕수수를 수확하여 정리하고 있고, 앞쪽에서는 사탕수수를 분쇄하거나 끓였다가 식히는 작업을 하고 있다.

동력을 요구했어요. 사탕수수에서 설탕을 추출하는 공정은 벼에서 이삭을 털 듯 간단한 일이 아니었거든요. 금방 굳어버리는 당의 특성 때문에 빠른 속도가 생명이었고 그 과정도 매우 복잡했죠. 사람 키를 훌쩍 넘는 커다란 사탕수수를 베어내 잘게 분쇄하고, 가열실로 운반해 팔팔 끓이고, 불순물을 제거해 설탕 결정으로 만드는 건 아주 위험하고 품이 많이 드는 일이었어요. 살인적인 노동량 때문에 노예 대부분이 하루에 18시간 이상 일했어요. 어떨 땐 48시간 동안 쉬지도 못하고 일해야 했습니다.

유럽인들이 먹을 설탕 때문에 아프리카인들이 희생당한 거네요. 설탕이 뭐라고….

설탕, 자본주의의 연료가 되다

참 씁쓸한 역사지요. 노예들의 열악한 처우를 아는지 모르는지 유럽에서 설탕의 인기는 식을 줄 모르고 높아만 갔어요. 그 기회를 틈타 큰돈을 벌어보려던 일부 유럽인들은 **플랜테이션** 농업을 빠르게 확산시켰습니다.

들어본 기억은 어렴풋이 나는데… 플랜테이션이 정확히 무슨 뜻이지요?

서구 유럽인이 돈과 기술을, 노동자가 값싼 노동력을 제공하는 대규모 농장을 말합니다. 사탕수수와 면화가 플랜테이션 농업으로 재배되는 대표 품목이죠.

거대한 규모보다 더 중요한 건 플랜테이션의 운영 방식이에요. 서구 유럽인이 돈과 기술을 제공했다고 했죠? 이들은 토지와 생산시설, 그리고 노동력을 제공해줄 노예를 잔뜩 사들여 대규모로 설탕을 생산하기 시작했습니다. 그렇게 만든 설탕을 내다 팔아 처음 투자한 돈의 몇 배를 벌어들였죠. 이때 처음 토지와 생산시설을 사들이는 데 들어간 투자금이 바로 **자본**입니다.

자본주의 할 때 그 자본이요?

목화 플랜테이션의 모습. 아메리카 대륙에 정착한 서구인들은 자신들의 자본과 노예 노동을 결합시켜 플랜테이션을 조성했다.

맞아요. 일상에서도 '자본이 부족하다', '자본이 없다'라는 말을 종종 듣지요. 엄밀히 말해 자본은 일반적으로 사용하는 돈과는 다른 개념이에요. 핵심은 스스로 늘어난다는 데 있습니다. 물론 가만히 둔다고 혼자서 불어나는 건 아니고, 토지나 기계처럼 다른 생산요소를 동원하는 데 쓰여 결과적으로는 더 큰 자본으로 돌아온다는 뜻입니다. 우리가 흔히 '사업 밑천'이라고 말하는 자금이 바로 자본이라고 할 수 있겠네요. 나아가 **자본주의**란 자본을 이용해서 생산과 소비를 하고 이윤을 획득하는 경제활동을 보장하는 체제를 말합니다.

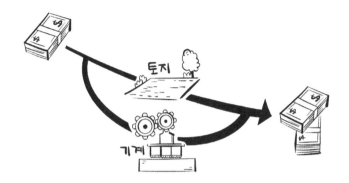

설탕 플랜테이션은 구조를 뜯어보면 결국 대규모 자본을 활용한 자본주의적 생산방식입니다. 이전까지는 거의 찾아볼 수 없었던 방식이죠. 원시적인 노예제와 근대 자본주의의 잘못된 만남이었습니다.

잘 이해가 가지 않는데요. 설탕 플랜테이션 이전에는 자본을 이용한 생산이 없었나요?

물론 이전에도 상품을 생산하려면 어느 정도 자본이 필요했죠. 하지만 대부분 인구가 농업에 종사하는 농업 중심 경제였으므로 상품 생산 규모가 그렇게 크지 않았어요. 전통 사회에서는 대부분 사람이 생존하기 위해 생산했고, 직접 사용하기 위해 교환했으니까요.

그런데 자본주의 사회에 들어와서는 자신의 욕망이 아닌 타인의
욕망을 충족시키기 위한 생산이 본격화됐어요. 즉, 시장에 내다 팔
기 위한 생산, 이윤을 얻기 위한 거래를 시작한 거죠. 생산과 거래
의 목적 자체가 달라진 거예요.

설탕 플랜테이션은 기본적으로 상품을 찾는 이들이 많으면 생산
도 많아지기 마련이라는 자본주의 수요 공급의 법칙을 따랐습
니다. 사탕수수는 그걸 재배하고 수확한 사람들을 먹여살리기 위
해서가 아니라 오로지 수천 킬로미터 떨어진 유럽에서 판매될 목
적으로 생산되었으니까요.

상품을 최대한 많이 팔아 이익을 얻는 게 지금은 당연한 사업 덕목
으로 느껴지는데, 그게 자본주의의 핵심이었군요.

네, 재화와 서비스가 이윤 획득을 위한 상품으로 사고 팔리는 시대가 열린 건 그리 오래된 일이 아닙니다. 생산의 목적이 이전과 달라졌으니 설탕을 생산하는 공정도 달라질 수밖에 없었어요. 사탕수수를 길러서 설탕으로 만들어내는 일련의 과정은 인류가 오랫동안 해온 농경보다는 근대식 공장의 생산 라인에 가까웠습니다.

근대식 공장이요? 어떤 면에서요?

우리가 흔히 떠올리는 공장의 모습처럼 엄격한 통제와 규율 속에 숙달된 노동력이 대규모로 투입됐고, 생산 과정의 분업과 특화도 이뤄졌죠. 설탕 플랜테이션을 최초의 근대적인 공장으로 보는 시각도 있을 정도입니다.

카리브해 연안의 사탕수수 압착소는 전통적인 농경지라기보다는 근대적인 공장에 가까웠다.

그림을 보니 매캐한 연기가 자욱한 게 진짜 공장 같기도 하네요. 공장의 시작이 노예무역이라니 씁쓸하기도 하고요.

그렇습니다. 이야기가 길어졌지만 결국 이 모든 게 특화를 바탕으로 한 국제무역 때문에 일어났습니다. 유럽과 아메리카 대륙을 잇는 길이 열리면서 전대미문의 교역이 시작됐고, 세계적 차원의 특화가 일어나면서 전 지구적 분업이 모습을 갖추기 시작했죠.

인류에게 전례 없는 풍요를 가져다준 자본주의의 시작이 폭력으로 얼룩져 있다는 사실을 떠올리면 묘한 기분이 들죠. 여러분도 찬찬히 평가해보시기 바랍니다. 설탕 플랜테이션을 밑거름 삼은 자본주의 경제와 노예무역이라는 처참한 역사가 함께 쓰였다는 사실을요. 질병과 고통, 끌려간 노예들과 죽어가던 사람들, 그 사이에서 서서히 피어오르는 자본주의…. 이 모든 게 누군가의 일그러진 탐욕에서 출발한, 대항해시대가 드러내기 꺼리는 속살입니다.

역사를 돌이켜 보면 인간은 역시 악한 존재인가 하는 비관적인 생각이 들기도 해요.

비관보다 중요한 건 우리 세계가 어떤 희생을 딛고 만들어졌는지를 이해하고 반성하는 태도가 아닐까 합니다. 연결된 세계가 주는 이득을 당연하게 누리기보다 그 이익과 편리함의 이면을 들여다보는 시각을 함께 가져야 하지 않을까요?

어쩌면 그 성찰이 공급사슬에 희생된 지구 정반대편 사람뿐 아니라 우리 자신까지 구하게 될지도 모릅니다. 연결된 세계에서 살아가는 이상 위기는 누구에게나 찾아올 수 있거든요.

위기가 드러낸 위기

코로나 후폭풍⋯ '지구촌 보릿고개' 공포

"내년에는 올해보다 더 심한 최악의 식량 위기가 닥칠 겁니다. 신종 코로나바이러스 감염증(코로나19) 재확산과 봉쇄 조치로 이제는 '기근 바이러스'가 인류를 위협하고 있습니다." (⋯) 글로벌 식량 위기는 현재진행형이다. 유엔 식량농업기구(FAO)가 발표하는 세계식량가격지수는 지난 5월 91.0에서 5개월 연속 상승해 10월에는 100.9를 기록했다. 2014~2016년 평균치를 100으로 보는데 이를 넘어섰다. 곡물·설탕·유제품·유지류 가격이 오른 가운데, 특히 10월 곡물가격지수는 한 달 전보다 7.3% 올라 111.6에 달했다.

—《서울경제》2020.12.5

식량 위기에 관한 기사네요. 자세한 내용은 모르지만 들어본 기억이 있어요.

네, 많이들 들어보셨을 겁니다. 그동안 식량 위기라고 하면 주로 화학비료 때문에 황폐화된 토지, 걷잡을 수 없이 늘어난 인구 등이 원인으로 지목됐지만, 최근에는 낮은 식량 자급률로 인한 식량 위기에 많이들 주목하고 있습니다. 특히 코로나19 바이러스가 유행한 이후 국가 간 무역장벽이 높아지면서 우리나라의 낮은 식량 자급률이 재조명받았죠.

식량 자급률이 뭐길래 갑자기 문제가 됐죠?

식량 자급률은 한 나라의 식량 소비량 중 그 나라 안에서 생산·조

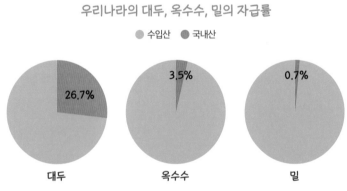

우리나라의 대두, 옥수수, 밀의 자급률

● 수입산 ● 국내산

대두   26.7%

옥수수   3.5%

밀   0.7%

출처 : 농림축산식품부

달되는 비율을 뜻합니다. 우리나라의 경우 2018년 기준 46.7%로 절반에도 못 미치는 수준이에요. 게다가 곡물 자급률은 21.7%로 OECD 국가 중 최하위입니다. 품목별로 살펴보면 쌀만 90%가 넘고 대두는 26.7%, 옥수수 3.5%, 밀은 0.7%밖에 안 돼요. 우리 먹거리가 무역에 엄청나게 많이 의존하고 있는 거죠.

음… 그렇지만 우리가 밀이랑 옥수수를 그렇게 많이 먹는 건 아니잖아요. 밀은 빵이나 면에 쓰이지만, 옥수수는 가끔 고속도로 휴게소에서나 사 먹지 거의 먹을 일이 없는 것 같은데요.

과연 그럴까요? 직접 사서 먹는 일은 흔치 않을 수 있어도 알게 모르게 엄청나게 많은 옥수수를 먹고 있습니다. 편의점에서 음식을 사 먹을 때 원산지 표기란을 자세히 본 적이 있나요? 옥수수와 전혀 관련 없어 보이는 김밥, 떡볶이, 도시락에도 모두 옥수수가 들어갑니다. 이뿐만이 아닙니다. 과자나 빵은 물론, 우리가 자주 사 먹는 콜라를 포함한 각종 음료, 케첩 등에도 옥수수로 만든 시럽이 들어가죠. 심지어 따로 표기돼 있지 않더라도 육류가 함유됐다면 옥수수 소비와 무관하지 않아요.

편의점에서 판매되는 삼각김밥의 원산지 표기란에 옥배유, 옥수수 기름 등이 적혀 있다.

편의점 도시락에는 거의 고기가 들어가는데… 육류랑 옥수수가 왜요?

현재 세계 옥수수 생산량의 40%, 무역량의 60%가량이 미국산입니다. 그런데 미국산 옥수수 중 60%는 가축의 사료용으로 사용된다고 해요. 육류를 섭취한다면 직접이 아니더라도 간접적으로 옥수수를 먹고 있는 거죠. 어디 먼 외딴섬에 들어가 자급자족하지 않는 한 우리는 반드시 옥수수를 소비할 수밖에 없습니다.
그 옥수수의 96.5%가 해외에서 들여온 거예요. 우리 식생활이 철저히 수입 농산물에 의존하고 있다는 사실이 좀 실감나나요?

많긴 하네요…. 근데 평소에는 심각한 문제라고 느끼지 못했던 거 같아요.

평상시에는 큰 문제가 아닐 수 있습니다. 하지만 세계 무역이 예기치 못하게 멈춰 선다면 어떨까요? 코로나19 바이러스가 위세를 떨치던 2020년 3월, 실제로 그에 가까운 일이 일어났어요. 전례 없는 위기를 맞아 국제 식품 유통망이 전처럼 원활히 돌아가지 않게 된 겁니다. 조만간 식량 공급이 어려워질 거라고 예상한 일부 곡물 수출국이 농산물 수출을 제한하는 조치를 취했기 때문이죠.

걱정할 만하네요. 그런 일이 있었는지도 몰랐어요.

다행히 당시에는 아주 심각한 위기로 번지지는 않았어요. 하지만 위기는 여전히 도사리고 있어요. 특히 지구 온난화로 인해 이상기후 현상이 심해지면서 더욱 빠르게 현실이 되어가고 있습니다. 다음 기사를 함께 보죠.

인도네시아 '라니냐'로 우기 강수량 20~40% 증가 예상

(…) 엘니뇨는 적도 부근 동태평양 바다 수온이 평년보다 높아지는 현상, 라니냐는 반대로 평년보다 낮아지는 현상을 가리킨다. (…) 인도네시아는 올해 건기는 잘 넘겼으나, 우기에 라니냐의 영향으로 수해가 커질 전망이다.

—《연합뉴스》 2020.10.14

평소 같으면 그냥 남의 나라 날씨 얘기라고 생각했을 텐데 식량 위기 얘기한 다음에 보여주시는 걸 보니 뭔가 우리나라랑 관련이 있을 거 같아요.

맞습니다. 라니냐는 엘니뇨와 더불어 근래에 자주 나타나는 이상 기후 현상이에요. 기사에 나온 것처럼 적도 부근 바다 수온이 평년보다 낮아지는 현상을 의미합니다. 라니냐 현상이 일어나면 평소

라니냐 현상으로 2011년 태국에선 기록적인 홍수가 났다. 전 세계 하드디스크공급의 절반을 담당하는 태국 공장들이 물에 잠기자 우리나라에서도 하드디스크가 들어가는 IT 제품 가격이 폭등하는 일이 있었다.

보다 비가 많이 오기 때문에 각종 피해가 발생합니다. 가장 직접적인 영향권인 동남아시아 지역에서는 쌀을 비롯한 주요 농산물을 생산하는 데 차질을 빚어요.

여기서 상황이 더 나빠지면 아시아 지역뿐 아니라 미국, 브라질, 아르헨티나 등 아메리카 대륙의 농사에까지 악영향을 줄 수 있어요. 아시아 지역에서 강우량이 많아지면 다른 지역은 비가 오지 않아 가뭄이 들 가능성이 커지기 때문입니다. 이로 인해 대두, 옥수수 등 남미 지역의 곡물 생산량이 줄어들면 우리의 밥상 물가가 덩달아 상승하겠죠. 그만큼 살기가 팍팍해질 테고요.

갑자기 우울해지려고 하는데요… 라니냐가 우리나라에까지 영향을 주는군요.

네, 많은 농산물을 수입에 의존하는 우리 입장에서는 고민해야 할 문제죠. 만약 캐비아처럼 어쩌다 한 번 먹을까 말까한 식재료라면 100% 무역에 의존해도 괜찮을 겁니다. 유독 곡물의 식량 자급률 만 크게 문제 삼는 이유는 곡물이 많은 사람의 생명과 직결된 식품 이기 때문이에요. 여타 상품과는 다르게 취급할 수밖에 없습니다. 국가가 나서서 상황을 조정하고 문제를 해결해야 하죠.

이제 우리나라는 어느 정도 먹고사는 걱정에서 벗어났다고 생각

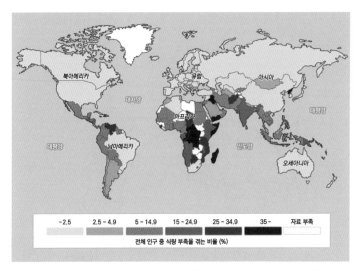

세계식량기구가 공개한 「2021 식량 위기 현황 지도」. 아시아, 아프리카, 남미의 상당수 국가가 식량 위기에서 자유롭지 못한 실정이다.

했는데 여전히 식량 위기를 걱정해야 한다니…. 결국 무역에 지나치게 의존하는 게 큰 문제네요. 이렇게 위험을 감수하면서까지 굳이 무역을 해야 하나 싶기도 해요.

연결된 세계의 위험성을 따지다 보면 차라리 무역 자체를 하지 말자 싶은 생각이 들 수도 있어요. 하지만 무역을 그만둔다고 해서 문제가 해결되는 건 아닙니다. 연결된 세계에 사는 우리 각자는 실에 꿰인 구슬들이에요. 실이 조금 꼬였다고 무작정 줄을 끊어버리면 결국 구슬 전부가 바닥으로 흩어지고 말겠죠. 하나로 연결된 세계에서 모두가 머리를 맞대고 해결책을 고민해야 엉킨 실을 풀 수 있습니다.

실 하나에 꿰인 구슬이라…. 묵주나 염주 같은 게 떠오르는군요.

네, 이 구슬 팔찌가 끊겼을 때 닥쳐오는 문제를 우리는 이미 여러 차례 경험해본 적이 있어요.

우리가 몇 차례나요?

몇 년 전 우리나라와 일본 사이에 벌어진 무역갈등을 기억하시나요? 일본이 우리나라에 수출되는 물품을 제한하면서 시작된 갈등이 두 나라 경제에 큰 타격을 입힌 건 물론 정치적인 긴장감을 고조시켰죠. 일본으로 해외여행을 떠나는 사람들의 수가 급격히 줄고 우리나라에 입점한 일본 브랜드 점포가 연달아 폐점하던 풍경

일본 불매 운동이 격렬하게 벌어졌던 2019년 서울. 지하철 전동차 출입문에 경제 보복과 아베 정권을 규탄하는 내용의 스티커가 부착돼 있다.

을 기억할 거예요.

저도 주변 분위기에 따라 불매 운동에 동참하기는 했지만, 사실 자세한 사정까지는 잘 몰랐어요.

하나로 이어진 사슬이 끊어질 때

이 자리에서 간략하게 설명해드리죠. 지난 2019년 일본은 이렇다

할 근거 없이 극자외선용 포토레지스트, 불화 수소, 불화 폴리이미드 세 가지 상품을 우리나라에 수출하지 못하도록 제한하는 조치를 취했습니다. 세 가지 모두 반도체와 디스플레이의 핵심 소재로, 생산비용만 따지면 비중이 미미해요. 하지만 없으면 안 되는 원료들이죠.

일본의 조치가 파장을 일으킨 이유는 공급사슬을 통해 각국의 생산이 엮여있기 때문이에요. 공급사슬에서 한 연결 고리를 쏙 빼버리면 반도체를 생산해야 하는 우리나라에 피해가 돌아오는 겁니다. 여기에 분노한 우리나라 국민들이 일본 정부에 항의하는 불매운동을 벌였던 거예요. 이에 일본이 우리나라를 수출우대국가 목록에서 제외했고 여기에 우리나라도 맞불을 놓으며 무역갈등이 이어졌습니다.

이제야 상황이 좀 이해가 되네요. 일본이 앞으로도 계속 같은 식으로 나오면 어쩌죠? 반도체는 우리에게 엄청나게 중요한 무역상품이잖아요.

해당 제품을 우리나라에서 직접 생산하거나 다른 지역에서 수입하는 길이 있기는 합니다. 하지만 두 가지 모두 국제 공급사슬이 최적 상태를 벗어나는 길이기에 경제적인 손해를 감수해야 하죠.

공급사슬이 최적 상태를 벗어난다⋯? 그게 무슨 뜻인가요?

그러니까 일본이 세 가지 부품을 담당하던 기존 공급망이 가장 품질 좋은 반도체를 가장 저렴하게 생산할 수 있는 방법이었는데, 이 네트워크가 깨져버렸다는 거예요. 아무리 대안을 찾더라도 기존 공급사슬로 생산하는 것보다는 비용이 클 수밖에 없죠. 그래서 당시 공급사슬이 해체되면서 공급사슬을 공유하던 국가들은 물론, 해당 반도체를 소비해오던 세계 각국이 동시다발적으로 피해를 입었습니다.

⋯ 공급사슬이라는 게 생각보다 무서운 무기였군요.

네, 언제나 명심해야 할 진리 중 하나가 세상에 공짜는 없다는 거죠. 연결된 세계가 가져다주는 이득을 누리고 있는 만큼 우리가 짊

어질 숙제 또한 늘어났다고 할 수 있습니다.

마지막으로 이 사태와 관련해서 중요한 쟁점을 하나 짚고 가자면, 반도체 공급사슬이 무너지면서 일본도 꽤나 막심한 피해를 입었다는 거예요. 생각해보면 당연한 일이죠. 우리나라에 반도체 소재를 팔아서 수익을 얻던 일본 기업들은 갑자기 판로가 가로막혔을 테니 말입니다.

생각해보니 그러네요. 자국 기업도 피해를 볼 텐데 왜 무리해서 수출 제한 조치를 취한 건가요?

당시 일본 측 공식 답변은 우리나라가 북한에 반도체 소재를 밀반출할 여지가 있기 때문에 안보상의 문제를 차단해야 한다는 거였지만 그게 진짜 이유는 아니었습니다. 그보다는 2018년 우리나라 대법원이 일본 기업을 상대로 내린 판결이 영향을 끼친 것으로 보여요. 일제강점기 강제징용 피해자들에게 적절한 배상을 해야 한다는 판결 말이죠.

보복, 뭐 이런 건가요…?

정말 그렇다면 일본 정부가 한일 과거사 청산이라는 다분히 정치적인 사안에 경제적으로 보복한 사건이었다고 볼 수 있겠죠. 비단 이 사건뿐만 아니라 개별 국가들의 외교 관계, 국제정치의 전반적 흐름은 오늘날 국제무역에 상당한 영향을 끼치고 있어요. 무역과 관련된 개별 사건과 현상을 제대로 이해하려면 더 큰 국제질서의 맥락까지 알 필요가 있습니다. 연결된 세계의 복잡한 국제질서를 파악할 실마리를 바로 다음 장에서 찾아보죠.

연결된 세계의 그늘   ○ ○

우리의 일상을 지탱하는 국제 공급사슬의 이면에는 윤리적인 문제들이 숨어 있다.
한편, 서로에 대한 지나친 의존은 우리의 내일을 위협한다.

공급사슬에 숨겨진 것들

공급사슬 때문에 발생하는 윤리적인 문제점들.
: 아동 노동 착취, 고릴라 서식지 파괴 등.

교환이 제한되는 경우.
: 주 52시간제와 최저임금으로 노동 매매 제한, 투표권 등.

가장 참혹한 무역의 역사

삼각무역 대항해시대 이후 아프리카, 유럽, 아메리카를 잇던 삼각형 무역망. 세 대륙을 거쳐 노예무역이 이루어짐.
→ 아프리카의 노예 노동력을 아메리카의 사탕수수 농장에서 부리려는 목적.

플랜테이션 서구 유럽인의 자본과 노예의 노동력을 바탕으로 한 대규모 농업. 자본을 바탕으로 이익을 거두는 자본주의적 생산 양식.

다가오는 위기

공급사슬이 끊어질 경우.
① 한국의 식량 자급률은 50% 이하. 기후 위기 등으로 식량 수급이 어려워지면 큰 타격을 받음.
② 한일 무역 분쟁 당시, 일본이 원재료 수출을 중단해 반도체 공급사슬이 끊어짐.
→ 공급사슬은 큰 이익을 가져다주는 동시에 위험도 초래할 수 있음.

이런 것도
세계적 교역물이었다니

노예와 설탕이 역사적으로 중요한 교역물이었음을 우리는 확인했습니다. 이번에는 한때 세계적으로 인기가 높았던 교역물이라고는 믿기 어려운 상품 한 가지를 소개하겠습니다.

아래 그림은 19세기 후반 페루의 친차 군도라는 곳을 묘사한 작품입니다. 채석장처럼 여기저기 깎인 형태의 언덕이 우뚝 솟아 있는데요. 놀랍게도 흙이 아니라 새똥이 쌓여 만들어진 언덕입니다. 수

페루의 친차 군도의 독특한 풍경, 1875년.

천 년 동안 쌓여 높이가 수십 미터에 이른 이 새똥 덩어리를 구아노라고 부르죠.

19세기에 서구 국가들은 인구 증가에 직면하면서 곡물 생산을 늘릴 방법을 찾고자 했어요. 그때 구아노가 질소와 인을 많이 함유해 질 좋은 비료가 될 수 있다는 사실이 알려지면서 세계적인 교역물로 떠오릅니다. 상인들은 큰돈을 벌었고 페루 정부는 재정이 두둑해졌죠.

하지만 당시의 다른 여러 무역들과 마찬가지로 구아노 무역도 부끄러운 모습을 띠게 됩니다. 인근에 있던 이스터 섬의 원주민들을 강제로 끌고 와 노동력으로 쓰기도 하고, 페루 정부가 구아노를 담보로 과도하게 빚을 냈다가 결국 채무불이행 사태를 맞기도 했죠. 인간의 탐욕이 만들어낸 참으로 '더러운' 교역이었습니다.

QR코드를 인식시키면 퀴즈를 풀 수 있어요.
여기까지 배운 내용을 점검해보세요!

흔들리는 무역,
다가오는 위기

무역은 어떻게 무기가 되는가?

자유무역과 보호무역의 이미지 전쟁

19세기 말 무렵 서구에서는 자유무역주의와 보호무역주의 사이의 갈등이 격화돼 있었습니다. 다음 두 그림은 진영 간 공방이 치열했던 영국에서 사용된 정치 포스터예요. 두 진영이 각각 유권자들에게 어떤 메시지를 전하고자 했는지 살펴볼까요?

자유무역 진영이 내세우는 단골 메시지는 자유무역을 해야 경제 전체의 파이가 커진다는 것이었어요. 아래 그림에서 쉽게 확인할 수 있을 겁니다.

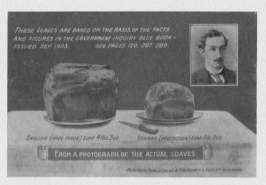

자유무역을 옹호하는 포스터

보호무역을 주장하는 포스터

보호무역을 주장하는 위 포스터는 그림을 자세히 들여다봐야 이해가 갑니다. 영국 노동자가 창고에 앉아 있고, 주변은 미국, 독일 등 세계 각국에서 들여온 수입품들로 빽빽해요. 또다시 열린 창고 문으로 찬바람을 타고 외국산 상품이 밀려 들어옵니다. 일거리를 잃은 노동자는 집에서 기다리고 있을 가족들을 떠올리며 옷깃을 여며보지만 얼굴엔 시름이 가득합니다.

자유무역과 보호무역 중 과연 어느 것이 더 바람직할까요? 역사적 사례들을 통해 이 선택에 대해 함께 고민해보기로 해요.

논쟁의 목적은 승리가 아니라 진전이어야 한다.

| 조제프 주베르 |

01 자유무역과 보호무역, 끝나지 않는 논쟁

#자유무역주의 #보호무역주의 #유치산업 보호론

이번 강의에서는 오늘날의 세계를 만들어나가고 있는 국제 무역 질서에 대해 알아볼까 해요.

무역질서라면 국가끼리 협약 맺고 그런 이야기 아닌가요? 한번 찾아볼까 싶다가도, 딴 세상 이야기 같아서 굳이 알아야 하나 싶기도 하던데….

낯설게 느껴지겠지만 결코 남의 이야기가 아니에요. 우리는 이미 국가가 하나의 생산자이자 소비자로 활동하는 거대한 국제 무역 시장 속에 살고 있습니다. 무역질서란 그 시장의 미래를 좌우하는 문제예요. 당연히 우리나라 경제와도 밀접하죠. 무역질서를 알면 막연하게 느껴지던 세계의 변화가 마치 내 일처럼 여겨질 겁니다.

세계경제의 파이를 키우는 자유무역

지금까지 무역질서에 가장 강력한 영향을 끼친 경제학적 논쟁이 있다면 바로 자유무역이 좋으냐, 보호무역이 좋으냐 하는 문제일 겁니다.

자유무역과 보호무역…. 저도 어디선가 배웠던 기억은 나는데, 그게 그렇게 중요한 논쟁인가요?

그럼요. 교과서에서나 배우는 따분한 내용 아니냐고 피하고 싶어하는 분도 계시겠지만, 이 논쟁은 지금도 무역질서에 변화를 만들어내고 있는 현재진행형 주제예요.

오늘날에는 모든 나라가 무역을 통해 이익을 추구하고 있어요. 서로 이해관계가 잘 맞을 때가 있는가 하면 입장이 충돌할 때도 있습니다. 한편인 듯 협력하다가도 또 언제 그랬냐는 듯 갈등을 빚기도 하고요. 이 모든 협상과 갈등 과정이 자유무역과 보호무역이라는 틀 안에서 전개됩니다. 자유무역과 보호무역 논쟁은 우리가 사는 세계가 어떤 시장질서를 택할지 고스란히 보여주는 거울이자 둘

자유무역과 보호무역을 둘러싼 논쟁은 오늘날 세계의 무역질서가 어디로 흘러갈지를 결정하는 문제다.

중 어느 한쪽으로 가고자 하는 나라들 사이의 전쟁터인 셈입니다. 어때요, 중요성이 좀 와닿나요?

본격적인 내용에 들어가기 전에 뜻부터 정리해봅시다. 자유무역과 보호무역은 각각 어떤 경제질서를 의미할까요?

그야 자유무역은 자유롭게 무역을 하자는 거고, 보호무역은… 그 반대 아닐까요?

그렇습니다. **자유무역**은 말 그대로 자유로운 무역을 말해요. 큰 장애물 없이 원활하게 무역이 이루어지는 게 자유무역입니다. **보호무역**이란 자유무역의 반대, 그러니까 원활한 무역을 가로막는 장벽이 있는 무역을 말합니다. 대표적인 장벽이 바로 관세입니다. 관세가 부과되면 수입 상품의 가격이 오르기 때문에 상품에 대한 수요가 감소하면서 무역이 위축되죠.

보호무역이라고 무역을 아예 하지 않는 건 아니군요.

맞아요. 보호무역은 시장 개방을 일절 하지 않는 쇄국정책과는 다릅니다. 무역은 무역인데 조건이 까다로운 무역이죠.
오늘날 무역질서는 보호무역보다는 자유무역에 더 가깝습니다.
완전히 자유무역만 하는 국가는 없지만, 무역장벽을 조금씩 허무는 방향으로 무역질서가 변해왔어요.

보호무역보다는 자유무역이 더 좋아서요?

자유무역을 하면 교환이 가져다주는 이익을 극대화할 수 있기 때

세계무역기구(WTO)는 무역 자유화를 통한 세계경제의 발전을 목표로 하며, 오늘날 무역질서를 만드는 데 중요한 역할을 하고 있다.

문이죠. 교환이 늘고 시장이 커질수록 특화와 분업이 진행돼 생산량이 증가하고 상품 가격이 떨어집니다. 더 많이 교환할수록 전체의 이득은 커지는 거죠. 비교우위이론에서도 나왔던 내용입니다. 한 나라가 모든 상품을 생산하기보다 서로 비교우위가 있는 분야에 특화하고 그걸 무역하는 게 모두에게 더 큰 이익을 가져다준다고 했죠.

그런데 조금 이상하다는 생각이 들지 않나요? 무역이 모두에게 이로운 일이라면 다 같이 기쁜 마음으로 자유무역의 길을 가면 될 것같은데 현실은 그렇지 않잖아요. 어떤 나라는 자유무역을 하자고 주장하는가 하면 또 다른 나라는 보호무역을 해야 한다고 주장하고, 심지어 무역전쟁을 선포하는 나라까지 있습니다.

그렇네요. 뭔가 이유가 있으니까 자꾸 충돌하는 거 아닐까요? 일전에 우리나라에서도 미국과의 FTA에 반대하는 시위가 있었던 걸 보면, 자유무역이 꼭 정답 같지는 않거든요.

네, 보호무역을 주장하는 쪽도 근거가 있습니다. 자유무역의 이익이 확실해 보이는데도 보호무역을 주장하는 이유는 무엇인지, 그렇다면 우리나라 경제에는 자유무역과 보호무역 중 어떤 쪽이 더 유리한 건지, 아마도 이런 궁금증이 서서히 싹트고 있을 것 같아요.

지금부터 그 궁금증을 하나씩 해소해드리겠습니다. 여러분에게 익숙한 우리나라의 사례를 통해서 말이죠. 자유무역과 보호무역 모두를 이용해 성장해온 대한민국의 경제 발전사 속에서 이 논쟁의 본질이 무엇인지, 그 실마리를 찾아보도록 합시다.

한국은 어떻게 무역 강국이 됐나?

우리나라 경제는 무역에 상당히 의존하고 있습니다. 무역을 빼놓고는 한국 경제를 설명하기가 어려울 정도죠.

뉴스에서도 무역 이슈를 크게 다루잖아요. 그런데 사실 어느 나라나 마찬가지 아닌가요?

물론 그렇기는 하지만, 우리나라는 GDP 대비 수출액과 수입액의 비중이 특히 높은 편입니다. 다른 나라와 비교해봐도 전체 경제에서 무역이 차지하는 비중이 크죠. 국내 제품을 찾는 전체 수요 중에서 해외 수요가 국내 수요보다 더 큰 **개방형 경제** 구조를 가지고 있습니다. 꽤 오랫동안 개방형 경제를 유지왔는데, 그 시작이 구체적으로 언제쯤인지 맞혀보시겠어요?

내국인 소비자   외국인 소비자

음, 예전부터 수출을 늘리려 애썼다고 하는데…. 정확히 언제부터인지는 모르겠어요.

아마 '한강의 기적'이라는 표현을 많이 들어봤을 거예요. 1950년

6·25 전쟁 이후 지독한 가난에 시달렸던 우리나라가 엄청난 속도로 단기간에 경제를 회생시킨 일을 말합니다. 한강의 기적을 일으킨 주역이 바로 무역이에요.

때는 1964년으로 돌아갑니다. 당시 정부가 수출을 3대 국정 과제 중 하나로 선포했어요. 우리나라 역사상 처음으로 수출이 국가 목표가 됐죠. 뉴스에서 많이 들어보셨을 **수출주도형 발전전략**도 이때 처음 도입됐습니다.

그럼 그전까지는 수출이 별로 중요하지 않았던 건가요?

중요하지 않았다기보다는 수출을 할 상황 자체가 안 됐죠. 1953년까지 이어진 6·25전쟁으로 나라 상태가 워낙 엉망이라 내다 팔 수준으로 상품을 만들어낼 능력이 없었습니다. 수출을 하더라도 한천, 마른오징어, 김 같은 수산물이나 텅스텐, 흑연, 철광석처럼 가공이 필요 없는 광물 자원이 대부분이었어요.

사실 식민지에서 벗어난 지 얼마 되지도 않은 나라가 수출주도형 발전전략을 채택한 건 국제적으로도 상당히 이례적인 일이었어요. 1945년 일제로부터 해방되고 연이어 전쟁까지 겪은 뒤 바로 수출에 집중하기로 했으니 무모하리만치 대담한 전략이었죠. 같은 시기에 남미와 아시아의 신생 독립 국가들은 대부분 수출에 큰 뜻을 두지 않았습니다. 그보다는 높은 관세를 부과해 해외 수입품을 자국 생산품으로 대체하고 내부 성장을 꾀하는, 이른바 **수입대**

체형 발전전략이 대세였죠. 수출주도형 발전전략은 우리나라와 홍콩, 대만 등 소수 아시아 국가만 선택한 방식이었습니다.

왜 우리나라는 수출주도 전략을 선택했을까요? 특별히 무모한 결정을 한 이유가 있나요?

당시 빠르게 변하던 무역질서를 잘 이용하려는 판단이었죠. 이웃 나라인 일본이 주력 산업을 경공업에서 중화학공업으로 바꾸고 있었기 때문에 우리나라 기업들은 일본이 떠난 경공업의 빈자리를 메우면서 수출을 늘릴 수 있었어요. 1960년대 초반 국내 공산품의 수출량은 빠르게 늘어났습니다. 특히 의류나 가발 같은 제품들이 외화벌이 역할을 톡톡히 했죠. 이 모습을 지켜보던 정부가 수출을 이용해 경제를 성장시킬 계획을 세우면서 본격적으로 수출 국가 대열에 합류하게 됐습니다.

수출주도형 발전전략은 한국의 빠른 경제성장을 이끌었다. 하지만 많은 공장 노동자가 저임금에 시달렸고, 특히 어린 여성들이 진학을 포기하고 열악한 환경에서 일하며 집안을 먹여 살리는 등 사회적으로 치른 희생이 만만치 않았다.

우리나라가 수출을 잘하는 특별한 이유가 있는 줄 알았는데 상황이 잘 맞았군요.

그래서 우리나라의 경제성장은 운이 7할이고 능력이 3할이라고 폄하하는 사람들까지 있습니다. 아무튼 수출주도형 발전전략의 성공을 확신한 정부는 이후 몇 년간 경공업 제품 수출에 매진했어요. 경공업 수출은 경제 규모가 원체 작고 가진 자원도 거의 없던 우리나라의 열악한 현실을 돌파할 지름길이 되어주었죠.

하지만 이것도 잠시였고, 1970년대부터 우리나라도 일본처럼 중화학공업을 육성할 필요를 느끼게 됩니다. 먼저 중화학공업 육성

에 성공한 일본이 승승장구하는 모습을 지켜보며 우리나라 정부
는 조바심이 났을 거예요. 중화학공업은 경공업보다 부가가치가
클 뿐만 아니라 다른 산업에 미치는 파급 효과도 훨씬 크니까요.

중화학공업이 다른 산업에 도움을 주나요?

경공업인 의류 산업이 발전한 한 나라가 있다고 가정해봅시다. 의
류 산업 발전에 영향 받아 추가로 발전할 수 있는 산업은 섬유 산
업 정도일 거예요. 반면 자동차 산업이 발달하면 어떨까요? 기계
공업, 제철·제강업, 타이어와 유리 등 온갖 부품 관련 제조업은 물
론 보험업과 같은 서비스업까지 훨씬 다방면의 산업이 성장할 기
회를 얻게 됩니다. 그러니 파생되는 일자리 수도 당연히 중화학공
업 쪽이 훨씬 더 많지요.

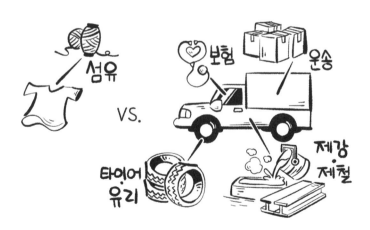

확실히 경공업보다 중화학공업이 발달하는 편이 경제성장에 좋겠어요.

게다가 군수품을 만드는 데도 중화학공업이 필요합니다. 대포나 탱크를 만들려면 철강과 기계, 부품 산업 등이 골고루 뒷받침돼야 하니까요. 아직 6·25전쟁의 기억이 강렬했던 때인 만큼 당시 정부는 단기간 내에 산업구조를 중화학공업으로 전환하기 위해 사활을 걸었습니다. 하지만 그렇게 호락호락하지 않았죠.

한국이 경로의존성을 극복해낸 방법

아시아의 사례를 보면 오늘날까지도 한국, 중국, 일본을 제외하고는 자동차 산업을 제대로 성공시킨 나라가 없어요. 대만이나 말레이시아에 자체 자동차 브랜드가 있긴 하지만 수출할 만한 규모는 아닙니다. 게다가 대만의 경우, 자국 시장에서조차 미국과 일본을 상대로 경쟁에서 밀리는 상황이에요. 산업구조를 바꾸는 일이 그만큼 어렵기 때문입니다.

일단 자동차를 만들기 시작하면 산업구조가 자연스럽게 바뀔 수밖에 없지 않을까요?

산업구조를 바꾸려면 사회 전반에서 대대적인 변화가 일어나야 해요. 예컨대 가발 제조업이 주력 산업인 나라가 있다고 해봅시다. 수많은 노동자가 어떻게 하면 머리카락 역할을 하는 원사를 원단에 잘 박음질할 수 있을까 고민하면서 재봉 기술을 발전시켜왔을 거고, 만든 가발을 다른 나라에 수출할 때도 굳이 거대한 선박을 이용하지 않았겠죠. 작은 선박만으로도 수출하기에 충분했을 테니까요.

이웃 나라가 선박을 만드는 조선업으로 큰 이익을 얻는 게 부럽다고 해서 이 나라가 하루아침에 산업구조를 바꿀 수 있을까요? 선박을 만드는 전문 기술을 연구하고, 노동자를 훈련하고, 생산시설을 갖추고, 판로를 개척해야 할 텐데요. 그뿐 아니라 중화학공업인 만큼 초기 투자비, 즉 거액의 자본도 필요합니다. 무엇 하나 만만한 일이 없으니 지레 단념하기 쉬운 과정이죠.

산업구조를 바꾸는 게 무턱대고 시도할 만한 일은 아니네요. 자칫 하다간 비용만 많이 들고 아무것도 못 얻을 수도 있겠어요.

모든 비용을 감수하고 뼈를 깎는 노력으로 중화학공업을 성장시켰다고 한들, 경쟁력이 없을 가능성도 있습니다. 이미 그 분야 시장을 선점한 국가들한테 밀릴 가능성이 커요. 그래서 어떤 국가가 한번 주력 산업을 선택했다가 다른 산업으로 노선을 바꾸기란 굉장히 어렵습니다. 대부분은 이전에 잘했던 분야에서 크게 벗어나지 못하죠. 이걸 조금 어려운 말로 **경로의존성**이라고 하는데, 풀어 설명하면 '지나온 경로가 미래를 좌우한다'는 뜻입니다.

지나온 경로에 의존한다…. 그런데 우리나라는 경로를 바꾸는 데 성공했잖아요. 비결이 따로 있나요?

이때 우리나라는 보호무역을 할 수 있었거든요. 자, 오른쪽 사진을 보세요. 최초의 국산 자동차로 알려진 포니입니다. 1976년 1월에 국내에서 판매가 시작되자마자 폭발적인 인기를 끌며 출시된 해에만 무려 43.5%의 점유율을 보였어요.

와, 도로에 달리는 차 두 대 중 한 대는 포니였다는 거네요. 경로의존성이 있다고는 해도 금세 기술이 발달했나 본데요.

현대자동차에서 판매한 대한민국 최초의 고유 모델 소형차 포니. 출시 가격이 당시 공무원 연봉의 3~4배에 이르는 고가였음에도 큰 인기를 끌었다.

글쎄요, 일찍이 전 세계 자동차 시장을 장악했던 미국이나 새로운 자동차 강국으로 떠오르던 일본, 독일 등과 비교하면 기술력에선 여러모로 뒤처졌습니다.

그럼 왜 그렇게 인기가 많았는데요?

당시 정부에서 자동차 수입을 일절 금지해버렸기 때문이죠. 자동차를 사려는 소비자들은 별다른 선택지 없이 무조건 포니를 사야만 했습니다.

조금 치사하다고 생각하실지 모르겠으나, 이때 성장한 자동차 산업이 아직까지도 우리나라 경제의 버팀목 역할을 하고 있어요. 국내 자동차 기업이 쟁쟁한 외국 기업들과의 경쟁을 피해 안정적으로 몸집을 키우지 않았다면 우리의 경제적 위상이 오늘만큼 높을 수 있었을까요? 선뜻 그렇다고 말하기긴 어렵습니다.

이 방법이 아니었다면 우리나라가 지금까지 자동차를 못 만들었을 수도 있네요.

다른 중화학공업을 발전시킬 때도 마찬가지였어요. 철강, 화학, 조선업 등 현재 우리나라가 주력하는 수출산업 대부분이 비슷한 방식으로 성장했습니다. 수입 전면 금지까지는 아니더라도 중화학공업에 뛰어든 기업에는 정부가 나서서 보조금도 지급하고, 해외에서 돈도 빌려다주고, 직접 외국의 기술을 배우게 하는 등 성장할 조건을 마련해주었죠. 자유로운 경쟁이 이뤄진 게 아니라 국가가 몇몇 기업을 직접 관리해 성장시켰다는 점이 한국식 경제 발전의 가장 큰 특징입니다.

그런데 다른 나라에서 불만이 있었을 것 같은데요? 자유롭게 자동차를 수출하고 싶었을 테니까요.

그랬죠. 만약 지금 와서 우리나라가 비슷한 정책을 시도한다면 다른 국가들의 반대에 부딪혀 시작조차 하기 어려울 겁니다. 지금은 불가능한 보호무역 정책이 1970년대에 가능했던 가장 큰 이유는 당시 세계의 기본 질서가 냉전이었기 때문입니다. 전 세계가 미국 중심의 자본주의 진영과 소련 중심의 사회주의 진영으로 나뉘어 경쟁하던 시기였죠.

냉전이었던 게 보호무역을 했던 거랑 상관이 있나요?

당시 미국이 사회주의 진영을 이기기 위해 택한 전략 중 하나가 자본주의 진영에 속한 개발도상국들의 경제를 성장시키는 일이었거든요. 미국의 도움을 받아 경제성장을 경험한 국가라면 사회주의 진영으로 넘어가지 않을 테고, 다른 국가들에도 자본주의 체제의 우월함을 과시할 수 있을 거라 생각한 거죠.

해방 이후 자본주의 진영에 편입된 우리나라에는 절호의 기회였습니다. 미국이 제공하는 각종 원조도 받고, 미국이 허용하는 수준에서 보호무역도 적절히 이용할 수 있었으니까요. 일본과 유럽 등 다른 자본주의 진영 국가들도 미국의 외교 전략에 발맞추어 한국의 보호무역을 용인해줬습니다.

말하자면 개발도상국을 자기편으로 끌어들이려고 선물 공세를 한 거군요.

하하, 그런 셈이죠. 우리가 일찍이 중화학공업으로 산업을 고도화할 수 있었던 건 이처럼 보호무역의 수혜를 입은 덕분이었어요.

어린 산업을 보호해야 한다는 논리

냉전 질서였다 한들 우리나라가 아무런 근거도 없이 보호무역 정책을 추진했던 건 아니에요. 당시 한국의 보호무역을 뒷받침해주던 이론적 근거가 바로 **유치산업 보호론**입니다.

유치산업의 '유치'는 유치원에 쓰인 것과 같은 한자예요. 즉, 유치산업 보호론이란 아직은 미숙한 국내 산업을 외국과의 경쟁으로부터 보호해야 한다는 논리죠.

아까 말한 우리나라 자동차 산업 같은 거군요.

맞아요. 이해하기 쉽게 학창 시절을 떠올려보세요. 똑같은 시간을 공부해도 어떤 학생들은 성적을 잘 내고 어떤 학생들은 그렇지 못하잖아요. 이런 차이가 벌어지는 데는 여러 원인이 있겠지만, 학생 스스로 학습할 수 있는 능력이 있는지가 큰 영향을 미칩니다.

일찍부터 꾸준히 학습 능력을 키워온 학생이라면 혼자 공부하는 것만으로도 금세 성적이 올라요. 하지만 그럴 여력이 없었던 학생들은 애초에 자기가 뭐가 부족한지, 공부를 어떻게 시작해야 할지조차 모를 겁니다. 이렇게 차이가 나는 두 집단을 바로 경쟁시키기보단 부족한 학생들이 스스로 공부하는 방법을 깨우칠 때까지 선생님이나 다른 친구들의 도움을 받는 게 공평하죠.

그렇죠. 기초가 없는 학생이 아무 준비 없이 잘하는 학생과 경쟁하면 자극받기보다 오히려 실망스러운 결과에 낙담할 거예요.

바로 그런 관점에서 유치산업 보호론은 타당합니다. 국내 산업이 충분히 발전하지 못한 경우, 어느 정도 경쟁력을 갖출 때까지는 지원이 필요하다는 거죠. 정부가 나서서 펼치는 보호무역 정책들, 예컨대 수입 관세를 높여 국산품을 상대적으로 저렴하게 만들거나 수입 총량을 제한하는 쿼터제를 도입하는 방법 등이 대표적이에요. 국내 산업에 보조금을 지급하는 것도 간접적인 보호무역 정책이라 할 수 있습니다.

실은 우리나라뿐만 아니라 일찍이 선진국 대열에 합류한 유럽 국가들도 대부분 비슷한 방식으로 산업을 발달시켜왔습니다. 애초에 유치산업 보호론이 등장한 배경 자체가 그래요.

19세기 중반, 당시 세계 최강국이던 영국은 리카도의 비교우위이론을 근거로 자유무역을 확대하려 했습니다. 여기에 정면으로 반발하고 나선 경제학자들이 있었으니, 바로 프리드리히 리스트로 대표되는 독일의 역사학파죠.

경제학자들인데 이름이 왜 역사
학파인가요?

역사학파 학자들이 단계별로 발
전하는 인류 경제사에 관심이 있
었기 때문입니다. 특히 리스트는
인류가 '수렵 → 목축 → 농업 →
농업·공업 → 농업·공업·상업'
순서를 따라 계단식으로 발전했

독일 역사학파를 대표하는 경제학
자 프리드리히 리스트

다고 주장했는데요, 이때 영국은 최종 단계까지 발전한 선진국으
로, 자국인 독일은 농업·공업 단계에 막 들어선 후진국으로 파악
했습니다.

독일이 후진국이었다니, 의외인데요?

19세기만 해도 독일은 영국이나 프랑스 같은 선진 공업국보다 늦
게 공업화에 뛰어든 후발 주자였어요. 당장 영국의 요구대로 무역
한다 한들 내다 팔 만한 물건이라고는 값싼 농산물밖에 없는 상황
이었죠. 나라 문을 열라는 영국의 공세 앞에 독일 지식인들은 이런
생각을 할 수밖에 없었습니다. '리카도가 말한 대로 비교우위에 따
라서 무역을 하면, 독일은 팔 수 있는 게 농산물밖에 없고 공산품
은 죄다 수입을 해와야 하네. 이대로 가다간 독일은 영영 공업 국

가로 발전하지 못하고 농업 국가로 남는 거 아닌가?'

이제 좀 이해가 가네요. 독일도 최종 단계까지 발전하고 싶은데 계속 영국과 무역해서는 경로의존성의 함정에 빠질 거라고 봤군요.

맞아요. 그래서 이들은 유치산업 보호론이라는 이론을 고안해냅니다. 독일이 영국과 대등하게 경쟁할 수 있을 때까지는 보호무역을 하면서 공업을 키워야 한다는 주장을 하기 위해서 말이에요. 이렇게 등장한 유치산업 보호론이 시공간을 뛰어넘어 20세기 후반 우리나라의 보호무역을 외부에 정당화하는 데 사용됐고, 지금까지도 세계 곳곳에서 보호무역 정책을 뒷받침하는 중요한 근거로 쓰이고 있습니다.

제가 봐도 유치산업 보호론은 설득력 있는 주장 같아요. 독일 입장도 공감되고요.

비교우위이론의 함정

유치산업을 보호할 필요가 있다는 건 자유무역도 해결하지 못하는 문제가 있다는 뜻이기도 합니다. 바로 자유무역이 참가국 모두에게 동등한 수준의 이익을 보장하지 않는다는 사실이죠.

어, 아까는 자유무역이 모두에게 이익이 된다고 하지 않으셨어요?

자유무역이 모두에게 이익이 되는 건 사실이에요. 다만, 나라마다 얻을 수 있는 이익의 크기가 다르죠. 이를테면 경제 규모가 비슷한 C와 D라는 국가를 가정해볼게요. 멀리 떨어져 있어 오랫동안 교류하지 않았던 두 나라는 각자 10만큼 상품을 생산하고 있었어요. 그러다 서로 무역을 하기 시작했어요. 그 결과, C국의 생산량은 30으로, D국의 생산량은 15로 증가했습니다.

비교우위이론은 딱 여기까지 내용을 근거로 무역을 옹호해요. 두 나라가 자유롭게 무역을 한 결과, 전체 생산량이 기존의 20에서 45로 증가했고 국가별 생산량도 C국은 20만큼, D국은 5만큼 늘어났죠? 그러니 개별 국가 차원에서든 전체 차원에서든 무역하지 않을 이유가 없다는 겁니다.

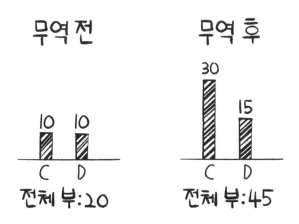

아… 그건 그렇죠. 각각 다 이익을 얻었으니까요.

그런데 D국 입장에서 이 상황은 약간 다르게 보일 수도 있어요. 두 국가가 서로 동등하게 무역을 한다고 했는데 결과적으로는 C국이 훨씬 더 많은 이익을 가져갔으니 말이죠.

이때 D국이 순순히 '나도 5만큼의 이익을 추가로 가져갔으니 만족해야지'라고 생각할까요? 아마 그보다는 '왜 나는 C국처럼 20만큼 이익을 내지 못하는 거지? 나도 그만큼 이익이 생겼으면 좋겠다'고 생각하기가 더 쉽겠죠. 설령 D국이 그런 생각을 하지 않더라도 이 무역이 지속된다면 두 나라의 경제력 차이는 점점 벌어질 겁니다. 무역을 하는 동안 매번 D국은 C국에 비해 15만큼씩 뒤처질 테니까요.

상대적 박탈감이 들겠어요. 좀 불공평한데요?

비교우위이론이 해결하지 못하는 게 바로 그런 부분입니다. 가까운 주변만 둘러봐도 중화학공업 또는 첨단산업처럼 고부가가치 산업에 특화한 국가가 있는가 하면, 부가가치가 낮은 농업이나 경공업에 특화한 국가도 있잖아요. 이렇게 산업별로 부가가치가 다르다 보니 무역으로 얻는 이익의 크기가 나라마다 다 다릅니다. 이론에서는 서로 다른 비교우위를 갖는 국가들이 무역으로 상호 보완하며 전체의 이익을 늘린다고만 해요. 하지만 현실에서는 무역이 국가 간 불균등을 심화시키는 결과를 낳을 수 있습니다. 자유무역을 하면 전체의 이익이 커진다는 것까지는 비교우위이론으로 설명할 수 있어도, 그 결과가 모두에게 공평하다고 말하기는 힘든 거죠.

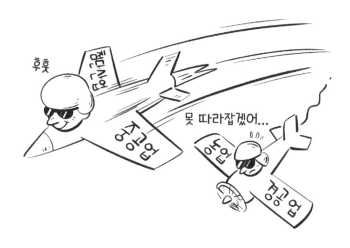

역시 이론 하나로 깔끔하게 설명해내기에는 현실이 너무 복잡하고 어려운가 봐요.

물론 경제가 발전하는 과정이 역동적이기에 후발 주자에게도 역전의 기회가 있습니다. 출발이 조금 늦었다고 영영 뒤처져 있으라는 법도 없고, 선발주자와 벌어진 간격을 좁히기 위해 산업을 고도화하려 할 수도 있어요. 그렇게 산업 고도화에 성공한다면 두 국가의 특화 산업이 비슷해질 테니 상호 보완보다는 경쟁이 일어나고 이런 경쟁이 심해지면 무역갈등, 심지어 무역전쟁이라고 일컬어지는 상황까지 이어지죠. 이처럼 무역갈등은 자유무역이 확산되는 과정에서 반드시 나타나는 필연적이고 당연한 일이라고 볼 수 있습니다. 모두가 부가가치가 높은 산업에 특화하고 싶어 하니까요.

갈등이 생길 수밖에 없는 구조군요.

그래서 부가가치가 큰 산업을 먼저 차지한 선진국일수록 가능한 한 기존 질서를 유지하면서 자유무역을 확대하려고 해요. 실제로 역사를 길게 펼쳐놓고 어떤 나라가 가장 강력하게 자유무역을 주장했는지 살펴보면 하나같이 당대에 가장 경쟁력이 컸던 나라들입니다. 즉, 자국이 다른 나라보다 경제적 우위에 있다는 확신이 들 때 비로소 자유무역을 주장했던 거죠. 이미 살펴본 대로 19세기에 영국이 그랬고, 영국에 앞서 17세기에 세계경제를 쥐락펴락했던 네덜란드가 그랬습니다. 또 2차 세계대전 이후 세계의 패권국으로 등장한 미국도 마찬가지이고요.

강대국들이 자유무역을 주장하는 동안 개발도상국들은 보호무역의 필요성을 나라 안팎으로 호소했습니다. 자유무역을 하면 당장 비교우위가 있는 분야에서 이익을 얻겠지만, 눈앞의 작은 부를 얻기보단 장래에 더 큰 부로 돌아올 힘을 키워야 한다는 논리였어요.

선진국들이 조금 치사하긴 하지만… 후진국들도 결국은 다 자신에게 유리한 선택을 했던 거네요.

그게 바로 자유무역이냐 보호무역이냐 하는 논쟁의 핵심이라고 할 수 있어요. 자유무역과 보호무역 논쟁은 겉으로 드러나는 모습일 뿐이고 자세히 들여다보면 결국 다 자기의 이익을 챙기고 있죠. 경쟁에서 뒤처져 있을 때는 보호무역을 강조하다가도 상황이 바뀌면 언제 그랬냐는 듯 자유무역을 주장한 나라도 실제로 많습니

시사 잡지 《저지》, 1888년. 19세기 후반의 세계경제 질서를 꼬집는 만평이다. 영국이 자유무역을 내세워 세계 곳곳을 장악하는데 미국은 보호무역의 빛에 힘입어 저항한다는 내용이다.

다. 우리도 어떤 게임을 하건 조금이라도 더 자신에게 유리한 규칙을 따르려고 하잖아요. 그것처럼 국가도 자국에 조금이라도 더 유리한 무역질서를 추구하는 것이니, 이해가 안 되는 일은 아니죠.

한국, 자유무역의 길을 걷다

다시 우리나라 이야기로 돌아가보겠습니다. 우리나라는 정부 주도로 보호무역 정책을 쓰면서 중화학공업을 육성했다는 이야기까지 했죠. 결과적으로 이 전략은 큰 성공을 거둬서 비슷한 시기에 수출주도형 발전전략을 채택한 싱가포르, 대만, 홍콩과 함께 '아시아의 네 마리 용'이라는 별칭까지 얻게 됩니다.

뭔가 마음이 벅차네요…. 이제 좀 가난에서 벗어나게 됐군요.

네, 20~30년 동안 연간 10% 안팎의 높은 경제성장률을 보이며 우리나라 경제는 어느 정도 안정된 궤도에 오르게 됩니다. 하지만 좋은 시절은 금세 지나갔죠. 1990년대가 되면서 주변국들로부터 보호무역을 포기하고 문을 열라는 압력이 들어오기 시작합니다. 충분히 발전했으니 유치산업을 성장시키겠다는 논리가 더 이상 통하지 않게 된 거죠.

1980년대부터 확산된 새로운 경제 사상도 영향을 미쳤어요. 영국과 미국을 필두로 퍼진, 국가 개입을 최소화하고 경제를 자유롭게 시장에 맡겨야 한다는 **신자유주의**였죠. 우리나라 안에서도 마냥 보호무역 정책만 고수할 게 아니라 이제 외국에 시장을 개방해야 한다는 분위기가 고조됐습니다.

이제 좀 살 만해졌는데… 너무 다급한 느낌인데요?

맞습니다. 단기간에 국가주도형 경제를 자율적인 경제로 전환하는 일은 결코 쉽지 않았습니다. 급격한 경제성장 과정에서 누적된 문제들에 경제체제를 급하게 전환하는 과정에서 발생한 부작용까지 더해져 한꺼번에 폭발한 사건이 바로 1997년 IMF 외환위기예요. 외환위기로 인해 빚을 갚을 달러가 부족해지자 우리 정부는 국제통화기금, 즉 IMF로부터 달러를 빌리고 그 대가로 IMF가 요구한 정책을 시행하게 돼요. 그중 하나가 바로 무역장벽 철폐였습니다. 이때를 기점으로 우리나라는 시장 개방의 길을 걷게 됐죠. 당시 기사를 함께 보시죠.

중앙일보
1997.12.4

IMF 550억 불 긴급지원 합의…
자본·금융시장 사실상 전면개방

국제통화기금(IMF)은 주변국 융자를 포함, 총 550억 달러 이상의 긴급자금 지원에 합의했다. (…) 이에 따라 한국은 최소한 향후 3년간 'IMF 프로그램'에 따라 움직여야 하는 등 경제주권을 상실하게 됐다. (…) 그러나 이날 발표된 내용 외에도 정부와 IMF가 이면계약을 통해 보다 강도 높은 내용에 합의한 것으로 알려졌으며, IMF 이사회 이후 내용이 드러나면 경제에 상당한 충격을 줄 전망이다.

따지고 보면 우리나라가 먼저 자유무역을 하겠다고 나선 건 아니네요.

반강제로 시작됐죠. IMF의 요구는 시장 개방뿐만이 아니었어요.

민간 대출이 크게 제한됐고, 대출금에는 매우 높은 금리가 붙었습니다. 가뜩이나 부채 부담이 심했던 기업들은 이자를 갚지 못해 줄지어 부도를 선언해야 했고, 공공 부문에서까지 구조조정이 일어나 수많은 사람이 하루아침에 일자리를 잃고 말았어요. 누구보다 평범한 서민들이 가장 큰 고통을 당했습니다.

좀 착잡해지려고 해요. 우리나라는 왜 이렇게 마음대로 할 수 있는 게 하나도 없을까요?

그래도 너무 낙담할 필요는 없습니다. 우리나라가 예상보다 위기를 빨리 극복하면서 상황이 달라졌거든요. 약속된 기한보다 3년이나 이른 2001년 8월에 모든 채무를 상환하고 IMF의 관리에서 벗어나게 되었죠.

조기졸업했군요! 정말 다행이에요.

그리고 얼마 되지 않아 한국 정부는 자유무역협정인 **FTA**를 적극 체결하는 등 자유무역 국가로서 행보를 본격적으로 시작합니다.

죽다 살아났는데 왜 다시 자유무역을 하는 거죠?

IMF의 관리를 받는 동안 이미 국내시장이 개방되기도 했고 그사이 우리 입장이 달라졌기 때문이죠. 중화학공업이나 IT산업처럼 부가가치가 높은 산업이 성장했으니 이제 국내시장을 보호하기보다 자유무역을 통해 해외시장을 적극적으로 개척할 필요가 더 커진 겁니다.

2000년대에 들어서면 FTA 체결에 더 속도가 붙습니다. 2004년 발효된 한·칠레 FTA를 시작으로, 개별 국가뿐 아니라 유럽연합과도 FTA를 체결했고요. 2020년에는 우리나라를 포함해 15개국이 참여한 세계 최대 규모의 FTA인 RCEP가 타결되어 2022년에 발효됐습니다. 이외에 싱가포르, 콜롬비아, 인도 등 2022년 기준 총 18개 FTA를 맺었지요.

정말 많네요. 근데 예전에 FTA 체결한다고 반대가 심하지 않았나요? 농민들을 포함해 시위가 일어나고 그랬었는데….

2019년 아시아·태평양 지역의 15개국 정상이 모여 자유무역협정인 RCEP를 논의하기 시작해 2020년 최종 타결됐다. 그로 인해 전 세계 GDP 중 30%, 무역 규모 28.7%, 인구 29.9%를 차지하는 세계 최대 규모의 경제권이 탄생했다.

맞아요. 한·칠레 FTA를 시작으로 뜨거운 논란의 중심이었던 한미 FTA, 그리고 최근 RCEP에 이르기까지 반대가 꾸준히 있었습니다. 가장 논란이 많은 사안은 FTA로 인해 피해를 입은 산업의 종사자들에게 어떻게 보상할 거냐 하는 문제죠. 우리나라가 중화학공업과 IT산업에 비교우위를 갖게 되면서 상대적으로 경쟁력을 잃어버린 농업과 원자재 분야가 대표적입니다. 다음 페이지 표를 볼까요? FTA로 인해 폐업 지원을 받게 된 농축산물을 정리해둔 표입니다.

한우에 블루베리, 포도… 전부 사람들이 좋아하는 식재료네요.

FTA 여파로 폐업 지원받는 국내 농축산물 품목

2013년	2014년	2015년	2016년	2018년	2019년
한우	송아지	체리 닭고기 포도 밤	블루베리 포도	호두 양송이 밤	밤 돼지고기

2015년과 2016년에 지원 품목으로 선정된 포도의 경우, 2004년 한·칠레 FTA가 시행된 이후로 꾸준히 폐업 지원 품목이었어요. 협상 과정에서 칠레는 한국산 자동차나 핸드폰에 부과하던 관세를 철폐하고, 우리나라는 구리나 펄프 등 원자재와 포도를 비롯한 몇 가지 농산물을 관세 없이 수입하기로 약속했죠. 칠레에서 원자재를 수입하던 국내 기업과 자동차 회사에는 좋은 소식이었지만, 국내 포도 농가들은 절망할 수밖에 없었습니다. 저렴한 칠레산 포도가 국내 농산물 시장에 무더기로 수입될 테니까요.

한·칠레 FTA 여파 포도 재배 농가 울상

한·칠레 FTA 여파로 충청북도 내 농산물 가운데 당장 포도가 직격탄을 맞았다. 현재 도내 대형 유통매장에는 국내산 포도와 제철 과일 대신 미국산 체리와 칠레산 포도가 과일 매대를 점령하고 있다. (…)

—《충북일보》 2016.7.27

포도 농가에는 청천벽력 같았겠어요.

무역의 혜택은 수많은 사람에게 나뉘어 전달되지만 그 피해는 취약 산업에 종사하는 소수 집단에 집중되기 마련이에요. 2010년 체결된 한미 FTA에서도 똑같은 문제가 발생했습니다. 미국의 거대한 농축산물 시장이 개방되자 국내 농가와 축산업계는 자신들이 내놓은 상품이 저렴한 미국 상품에 밀려 소비자들에게 외면받는 모습을 속절없이 지켜봐야만 했어요.

소비자랑 생산자 입장이 충돌하는군요.

네, 더 많은 사람에게 이익이 된다 한들 소수에 일방적인 희생을 강요할 수만은 없겠죠. 그래서 정부는 농가 피해를 보상하기 위해 다양한 보호무역 정책을 시도하고 있습니다. 대표적으로 농업 보조금이 있어요. 보호무역 정책이라고는 하지만 부작용을 최소화하면서 점진적으로 시장을 개방하기 위한 조치라고 볼 수 있죠.

다행이라고 해야 할지…. 자유무역을 하면서 또 그 과정에서 보호무역 정책을 쓸 수 있군요.

그럼요. 농업뿐만 아니라 공업 분야에서도 보호무역 정책이 쓰일 때가 있어요. 공업 분야에서는 보조금 대신 주로 관세를 이용합니다. 우리나라 무역은 원자재와 중간 부품을 수입한 뒤 가공해 완제품으로 수출하는 경우가 아주 많아요. 그래서 원재료와 중간 부품을 수입할 때는 비교적 낮은 세율을 적용하고, 가공도가 높은 완제품일수록 높은 세율을 적용합니다. 국내 시장에서 국산 완제품이 외국 제품보다 높은 가격 경쟁력을 갖도록 도와주는 거죠. 이런 방식을 **경사관세**라고 부릅니다. 제품의 가공 정도가 높아짐에 따라 관세율도 높아지는 구조죠.

우리나라뿐만 아니라 자유무역을 표방하는 미국이나 EU도 경사

관세를 채택하는 건 마찬가지예요. 아무리 자유무역에 앞장서는 선진국이라 해도 아무런 보호조치 없이 전면 자유무역만 하는 나라는 사실상 없죠.

완전한 자유무역 국가란 없는 거군요…. 어차피 보호무역을 할 거라면 포도 농가 같은 피해 사례가 없도록 대폭 확대하면 안 되나요?

물론 보호 정책이 필요한 분야도 있지만, 다 보호하기 어려운 이유가 있습니다. 당장 우리나라에서 보호무역 정책을 확대한다면 어떤 결과가 벌어질까요? 아마 일시적으로는 관세 수입을 얻거나 외국과의 경쟁을 피해 이익을 볼 수 있을 겁니다. 하지만 그런 상황이 길어지면 외국에서 우리나라 수출품에 보복 관세를 부과하거나 국내 기업의 경쟁력이 약화되는 등 여러 문제가 발생할 거예요. 결국 경제는 더 타격을 입게 되겠지요.

앞서 우리나라의 성장 사례에서 살펴봤듯 자유무역과 보호무역 중 어느 한쪽이 정답은 아닙니다. 자유무역은 효율적인 생산 구조, 최적 가격을 만들어 전체의 이익을 증가시키죠. 확실한 장점입니다. 이런 맥락에서 시장경제를 옹호한 밀턴 프리드먼이라는 학자는 관세 협상을 할 필요조차 없다고 주장했어요. 상대국이 얼마나 높은 관세 장벽을 세우는지와 상관없이 내 쪽에서는 장벽을 완전 철폐해야 더 큰 혜택을 얻을 수 있다고 봤죠. 꽤나 극단적인 주장처럼 들리지만 사실 비교우위이론에 가장 부합하는 주장입니다.

하지만 이런 주장을 곧이곧대로 따르는 국가는 현실에 존재하지 않아요. 유치산업을 보호해야 해서, 전략산업을 보호해야 해서, 일자리를 보존하고 산업을 다변화시키기 위해서 등 다 나름의 이유를 가지고 보호무역을 하고 있죠. 거의 모든 나라가 상대국 시장은 가능한 한 많이 개방했으면 하면서도 자국 시장의 문은 걸어 잠그려고 안간힘을 쓰고 있습니다.

무 자르듯 '어느 쪽이 좋다'고 할 수 없는 문제군요.

그래서 자유무역이 이상적으로 보이는데도 무작정 적용할 수만은 없는 거죠. 복잡한 현실을 고려한다면 어느 한쪽 입장만 반영하기보다는 협력적인 자세로 서로의 입장을 고려하고 이득의 차이를 좁혀가는 것부터 시작해야 합니다. 이해관계를 조율한다는 게 말처럼 쉽지 않지만 공존하는 법을 고민할수록 더 나은 방안을 찾을 수 있을 테니까요.

반대로 모든 나라가 자국의 이익만 내세운다면 단지 무역이 중단되는 것을 넘어 끔찍한 결과가 발생할 수도 있습니다. 역사는 이미 알고 있는 일이죠. 바로 다음 장에서 무역이 불러일으킨 참상에 대해 이야기를 이어가봅시다.

무역질서를 결정하는 두 가지 큰 흐름이 있다. 모두 자유롭게 무역을 하는 자유무역주의와 자국을 보호하기 위한 보호무역주의다. 한국은 이 두 가지를 모두 활용해 무역 강국으로 자리매김했다.

**무역질서의
두 흐름**

자유무역 장애물 없는 원활한 무역.
　　　↕
보호무역 관세 등의 장벽이 있는 무역.

오늘날 세계 무역은 자유무역에 더 가까움.

**한국,
보호무역의
수혜를 누리다**

한국은 GDP 대비 수출·수입액 비중이 높고, 국내 수요보다 해외 수요가 더 큰 개방형 경제.

1960년대에 처음으로 수출을 국가 목표로 설정하면서 수출주도형 발전전략을 세움.

참고 **수입대체형 발전전략** 다른 나라에서 수입하는 품목을 자국 생산품으로 대체하는 전략.

1970년대에 중화학공업 육성을 위해 보호무역 시행. 근거는 유치산업 보호론. 냉전 시기 자본주의 진영의 암묵적 합의가 있었음.

참고 **유치산업 보호론** 미숙한 국내 산업을 외국과의 경쟁으로부터 보호해야 한다는 논리.

자유무역은 모두에게 동등한 이익을 보장하지 않음.

**자유무역의
길을 걷다**

1997년 외환위기 때 반강제로 자유무역 추진.

2000년대 적극적으로 FTA 체결. 한국의 위상이 바뀌었기 때문.

자유무역으로 피해를 보는 집단을 보호하기 위해 대부분의 나라에서 보호무역 정책을 동시에 추진.

보호주의의 철학은 전쟁의 철학이다.

02 세계질서가 된 자유무역, 갈림길에 서다

오늘날 세계 무역질서는 보호무역보다 자유무역에 더 가깝다고 말씀드렸죠. 그렇지만 자유무역이 낳는 부작용을 알고 나니 보호 무역 쪽으로 마음이 기우는 분들도 계실 겁니다. 결론부터 말씀드 리면 자국 이익만을 우선시하는 보호무역주의는 잘못하면 세계 전체를 파국에 몰아넣을 수 있어요. 마치 100년 전 역사의 한 페 이지에 나오는 일들처럼 말이죠.

100년 전에 무슨 일이 있었는데요? 그냥 무역을 안 하려는 게 어 떻게 파국을 불러오죠?

보호무역주의의 이면, 역사에서 배우다

세계경제가 어렵고 성장이 더뎌질 때면 어김없이 보호무역주의가
고개를 들곤 했습니다. 다들 일단 가진 것만이라도 지켜내야 한다
는 생각에 나라 문을 걸어 잠가버리죠. 손에 쥔 돈을 지키기 위해
수입은 안 하고 수출만 하려고 하니 마찰이 생기는 게 당연하고요.

그 갈등이 극에 달했을 때, 우리가 상상할 수 있는 가장 파괴적인
결말에 도달합니다. 바로 전쟁이죠. 인류 역사에서 일어난 전쟁 중
가장 많은 인명 피해와 재산 피해를 남긴 2차 세계대전은 그렇게
발발했습니다.

보호무역주의 때문에 2차 세계대전이 벌어졌다는 말씀인가요?

맞습니다. 2차 세계대전이 발발하기 10년 전, 1929년은 '대공황'이 일어난 해입니다. 1차 세계대전 때 유럽에 군수물자를 팔며 급성장했고 1920년대에 호황을 누렸던 미국 경제가 한순간에 붕괴된 사건이죠. 그 여파로 서유럽은 물론 세계경제 전체가 심각한 공황에 빠졌어요.

그런데 혹시 이런 궁금증을 가져본 적은 없나요? 미국이라는 한 나라에서 시작된 경제위기가 어쩌다 전 세계적인 공황으로까지 번졌을까요?

1929년 미국의 주가가 하루아침에 폭락한 '검은 목요일' 당시. 뉴욕 증권 거래소 앞 도로가 주식 투자자들로 인산인해를 이룬 모습이다.

어… 그야 다 연결돼 있는 세계라서가 아니겠어요? 미국은 영향력이 큰 나라이기도 하잖아요.

그것도 틀린 말은 아닙니다만, 상황을 자세히 들여다보면 조금 다른 답을 얻게 됩니다.

대공황이 발생한 직후, 미국 내에서는 갑작스러운 불황의 원인이 무엇인지를 두고 갑론을박이 벌어졌습니다. 그중에서도 무역 때문에 일어난 일이니 보호무역을 해야 한다는 주장이 많은 지지를 얻었어요. 미국이 해외 상품을 너무 많이 수입해온 탓에 상품 가격이 하락해 기업 이윤이 줄어들었고, 그것 때문에 기업 투자가 줄고 실업자가 늘어 결국 공황으로까지 이어졌다는 주장이었습니다. 즉, 대공황의 원인을 무역이라 본 거죠.

정말 무역 때문에 공황이 일어난 건가요?

대공황이 일어난 데에는 여러 요인이 작용했기 때문에 어떤 문제 하나 때문이라고 딱 잘라 말하긴 어려워요. 하지만 굳이 한 가지 이유를 꼽자면 무역 때문이라기보단 미국 중앙은행이 상황을 잘못 판단한 탓이 컸습니다.

1920년대, 광풍과도 같았던 호황기가 끝나고 경기 침체의 조짐이 느껴지자 미국 중앙은행은 시중에 유통되는 통화량을 줄이는 긴축 정책을 펼칩니다. 돈이 귀해지니 수요 공급의 법칙에 따라 돈의 가치, 즉 금리가 높아지고 해외 자금이 미국으로 쏟아져 들어오기 시작했어요.

여기까지는 미국 중앙은행의 계획대로였습니다. 자금이 해외로 유출되는 걸 막고자 했거든요. '세계적인 불황이 찾아올 듯하니 우리나라만이라도 살자'는 조치였습니다.

하지만 긴축 정책의 결과는 예상과 정반대로 돌아왔어요. 수많은 미국 주식이 한순간에 휴지 조각이 돼버린 주식시장 붕괴 사태, 즉 '검은 목요일'의 원인은 무엇보다 높아진 금리 때문이었으니까요.

이해가 안 되는데요. 주식시장 붕괴가 금리랑 무슨 상관인가요?

1920년대 호황기에 미국 주식시장을 뜨겁게 달군 투자금 중 상당한 돈이 실은 빚이었어요. 즉, 많은 사람이 수중에 있는 돈이 아니라 대출을 받아 주식 투자를 했던 겁니다. 그런데 금리가 올라 신용대출을 받기 어려워지자 검은 목요일을 기점으로 주식시장이 무너져버린 거죠.

주식시장의 위기는 곧 은행의 위기로 확산됐어요. 미국 전체 은행의 40%가 파산할 정도였으니 기업과 가계의 경제활동이 마비돼버린 것은 당연한 수순이었죠.

우리만 살자고 실행한 긴축 정책이었는데 미국부터 망했군요….

한편, 금리가 높은 미국으로 자금이 몰린 탓에 달러가 부족해진 다른 나라들은 무역을 하기 곤란해졌습니다. 그 와중에 각국은 너도나도 자국 화폐의 유출을 막겠다며 경쟁적으로 긴축 정책을 펼쳤어요. 안 그래도 1차 세계대전 이후 회복이 지지부진한 상태에서 모두가 지갑을 꽁꽁 닫은 형국이었습니다. 상황이 나아질 리 없었죠. 그럼에도 미국 내 일부 세력은 여전히 세계경제에 미칠 파급력을 외면하고 집요하게 무역을 문제 삼았어요. 미국 경제를 살리기 위해 외국 상품의 유입을 막아야 한다는 논리가 계속 힘을 얻은 끝에 마침내 1930년, 역사상 최악의 보호무역 정책으로 불리는 **스무트·홀리 관세법**이 제정됩니다.

미국 공화당 의원이었던 스무트와 홀리의 성에서 이름을 딴 이 법안에는 미국으로 수입되는 상품에 높은 관세를 부과한다는 내용이 포함돼 있었습니다. 그 결과, 1932년부터 관세 대상 수입 물품에 평균 59%라는 유례없는 수준의 관세가 부과됐습니다. 엄청나게 강력한 보호무역 정책이었죠.

물건 값의 60% 가까이를 세금으로 물리다니 좀 지나치네요. 100만 원짜리 상품이 160만 원으로 오른다는 거잖아요.

관세법을 발의한 리드 스무트(왼쪽)와 윌리스 홀리(오른쪽)가 법안 통과를 호소하고 있다. 1,000여 명의 경제학자가 허버트 후버 대통령에게 이 법안에 거부권을 행사해달라고 요청했지만, 법안은 결국 통과되었다.

이 정책으로 인해 미국에 상품을 수출하던 국가들, 특히 유럽 쪽은 엄청난 타격을 입었습니다. 이들의 반발에도 미국이 꿈쩍하지 않자 결국 무역전쟁이 발발하고야 맙니다. 미국뿐만 아니라 모든 국가들이 서로에게 보복 관세를 부과하는 악순환이 벌어진 거죠. 각국이 진흙탕 싸움을 벌인 통에 19세기에 힘겹게 쌓았던 국가 간 신뢰와 공조, 그리고 자유무역 질서가 완전히 후퇴하고 말았습니다.

경제 회복을 위해 도움을 주고받아도 모자랄 상황에 싸우고 있었다니 답답하네요.

블록으로 찢어진 세계

주요 국가들은 자국 시장을 보호하겠다는 명분하에 아예 자신들이 지배하던 식민지와 본국을 하나의 블록bloc으로 만들고, 블록 밖에서 들어오는 상품을 차단해버립니다. 그 결과, 세계는 **블록경제**체제에 접어들죠.

다음 페이지 지도에서 보이듯 전 세계는 미국의 달러 블록, 프랑스의 프랑 블록, 영국의 스털링 블록, 독일의 마르크 블록, 일본의 엔 블록 등으로 찢어졌어요. 무역은 대부분 블록 안에서만 이루어졌습니다. 일례로 영국이 주도한 파운드 블록의 경우 1938년 한 해 수입의 42%, 수출의 50%가 블록 내 무역이었습니다. 일본이 한국, 대만, 만주, 중국을 묶어 만든 엔 블록의 경우 같은 해 수입의 45%, 수출의 63%가 블록 안에서 이루어졌어요.

그래도 블록 안에서는 무역을 계속 했나 봐요?

그렇긴 하지만, 지금 우리가 아는 그런 종류의 무역은 아니었습니다. 블록이 본국과 식민지로 이루어져 있었기 때문에 블록 안에서 이루어지는 무역은 대등한 국가끼리 하는 자유로운 무역이 아니라 식민지 착취에 가까웠어요. 블록 안에서 교류가 많아질수록 본국과 식민지 간 지배 관계는 더욱 강해졌지요. 다른 블록과는 무역이 어렵다 보니 더 많은 식민지를 확보하려는 제국주의적인 야심

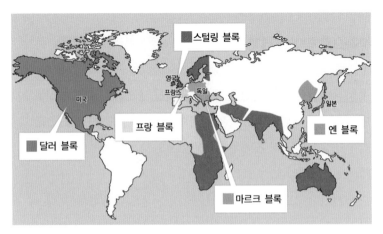

1930년대 블록경제를 보여주는 지도. 대부분 무역이 블록 안에서만 이루어졌다.

도 커질 수밖에 없었고요.

블록 간에 교류가 끊기고 경쟁이 심해지면서 불신의 골이 깊어만 갔습니다. 언제라도 충돌이 일어날 것처럼 아슬아슬한 분위기가 이어졌죠.

같은 블록 안에서 국가들이 가까워질수록 다른 블록과는 멀어졌다는 말씀이군요. 결국 어떻게 됐나요?

블록경제는 부메랑이 되어 돌아왔습니다. 처음에는 국내시장을 보호할 목적으로 만든 블록이었지만, 모두 다 장벽을 쌓아올리다 보니 결국 모두의 수출 판로가 좁아지고 말았어요. 그렇게 불황은 유럽 전역으로 퍼져 나갔죠. 특히 1차 세계대전에서 패전한 이후 회복을 위해 고군분투하던 독일 경제가 다시 한번 무너져내렸습니다.

사회가 불안하고 살림이 어려울 때 대중은 고통을 끝내줄 강력한 지도력을 찾기 마련이죠. 그렇게 탄생한 정권이 바로 히틀러가 주도한 나치 정권입니다. 이들은 집권한 지 6년 만에 2차 세계대전을 일으켰어요.

참… 먼 나라 이야기 같지 않네요. 역시 문제는 경제였군요.

미국에 처음 불황이 닥쳤을 때만 해도 문제가 이렇게까지 커질 거라고는 누구도 예상하지 못했을 겁니다. 동시다발적으로 찾아온

나치당의 당수인 아돌프 히틀러가 나치 깃발 앞에 서 있다. 독일의 경제위기는 국민들이 극단적인 정치 세력의 주장에 귀를 기울이게 했고, 이는 나치당이 집권하는 배경이 되었다.

위기를 헤쳐나가려 여러 국가들이 협력했다면 이보다는 빨리 극복됐을 겁니다.

하지만 현실에서는 모두 근시안적으로 보호무역주의를 내세웠고, 그 결과는 5,000만 명이 넘는 사람들의 목숨을 앗아간 참혹한 전쟁으로 나타났습니다.

정말 보호무역주의 때문에 전쟁까지 났네요.

이게 바로 보호무역의 부작용이에요. 유치산업 보호론에서 주장하듯이 보호무역이 필요한 경우도 있지만, 자칫 앞날을 고려하지 않는 '자국우선주의'로 변질돼버릴 수도 있죠. 세계적으로 경기가 침체될 때마다 보호무역 정책으로 돌아가자는 목소리가 커지지만 그럴수록 신중해져야 하는 이유를 역사가 말해주고 있습니다.

미국을 중심으로, 자유무역의 청신호가 켜지다

당장의 이익을 위해서 보호무역을 하려는 건 예나 지금이나 마찬가지일 텐데… 조금 걱정되기 시작하네요.

그나마 다행인 사실은 끔찍한 전쟁을 겪으며 세계 각국이 보호무역주의의 한계를 깨달았다는 거죠. 같은 실수를 되풀이하지 않으

브레턴우즈는 미국 뉴햄프셔주에 있는 작은 도시다.

려면 자유무역 질서를 확대할 장치가 필요하다는 데 공감했어요. 2차 세계대전이 끝나가던 1944년, 미국의 브레턴우즈라는 작은 도시에 전 세계 44개국 정상이 모여 새로운 무역질서를 마련하기 위한 회의를 열었습니다. 여기서 만들어진 게 바로 **브레턴우즈 체제**예요. 핵심은 미국 달러화를 기준으로 하는 **고정환율제도**였어요.

늦게라도 협력하려고 했다니 다행이긴 한데, 고정환율제도가 뭔지 잘 모르겠어요.

쉽게 말해 국가 간의 화폐 가치를 일정하게 고정시키는 제도예요. 당시엔 미국 달러화가 기준이었죠. 원화를 예로 들면 '1,000원=1 달러'라고 도장을 쾅 찍어두는 거예요. 500원이 1달러가 되거나 2,000원이 1달러가 되지 않도록 말입니다.

환율을 고정해두면 계산하기 편했겠어요. 지금처럼 매일 환율이 바뀌어서 필요할 때마다 검색해야 하는 것보단요. 그런데 왜 다른 나라도 아니고 하필 미국의 달러화가 기준이 됐나요?

일단 달러화는 국제 거래의 기준이 되는 **기축통화** 역할을 하고 있었어요. 당시 미국은 어떤 국가도 넘보기 어려울 정도로 강한 국력을 자랑하고 있었고, 엄청나게 많은 금을 보유하고 있었습니다. 그러니 달러화의 가치를 안정적으로 보장할 수 있었죠.

그런 달러화에 연동해둔 덕분에 무역이 한결 수월해졌습니다. 서로 다른 화폐끼리 가치를 비교하기도 쉬웠고 또 언제든지 각국 화폐를 일정한 달러화로 교환할 수 있었으니까요. 그때 달러화는 미국 중앙은행에서 금으로 교환이 가능했으니 적어도 금만큼의 가치를 보증받을 수 있었죠.

미국이 그럴 여력이 있었나요? 대공황에 전쟁까지 겪었는데요?

유럽이 2차 세계대전을 치르는 동안 미국은 전쟁 물자를 수출하면서 특수를 누렸거든요. 그 덕에 대공황에서 완전히 회복할 수 있었죠. 전쟁으로 돈을 번 거니 그다지 바람직하다고 볼 순 없습니다만, 엄청난 기회였어요. 전쟁이 끝난 뒤 미국은 세계 부의 대부분을 차지할 정도로 압도적인 경제 대국이 되어 있었습니다.

미국에는 기회였대도 자기가 원인을 제공한 전쟁 덕에 경제 대국이 됐다니 좀 얄밉네요.

그래도 경제 강국으로서 무너진 세계경제를 복구할 중심점 역할을 한 건 사실입니다. 브레턴우즈 회의에서 미국은 자국 시장은 개방하겠지만 다른 나라에는 시장 개방을 강요하지 않겠다고 약속하고, 심지어 자국의 해군력을 이용해 다른 나라들의 해상무역을

1950년대 미국의 한 가족이 텔레비전을 구입하는 모습. 2차 세계대전 이래 큰 부를 벌어들인 덕분에 20세기 중반 미국인들은 전에 없이 풍요로운 소비생활을 누릴 수 있었다.

보호해주겠다고 나섰어요.

갑자기 왜 그랬던 거죠? 부자가 되니 마음에 여유가 생긴 건가요?

무너진 국가 간 신뢰를 회복해서 다시 국제 무역시장을 활성화하려는 게 가장 큰 목적이었죠. 하지만 아무 대가를 바라지 않았던 건 아닙니다. 말하자면 미국 중심의 세계질서를 만들려는 시도였죠.

2차 세계대전이 끝난 직후 세계는 자본주의 진영과 사회주의 진영이 대립하는 냉전 체제에 돌입했어요. 전쟁으로 폐허가 된 서유럽을 비롯해 여러 국가들이 언제 자본주의 진영에서 사회주의 진영으로 넘어갈지 모르는 상황이었습니다. 이 모습을 지켜만 볼 수 없었던 미국은 다른 국가들을 확실히 자본주의 진영으로 포섭하려고 두 팔을 걷어붙입니다.

당연히 미국의 경제적 이권도 관련돼 있었어요. 바로 중동의 석유자원을 둘러싼 문제였죠. 미국은 오래전부터 중동에서 석유를 수입하고 있었습니다. 중동에서부터 미국까지 이어지는 안전한 수송로가 필요했기 때문에 해상무역이 안정적으로 이뤄지는 게 중요했지요.

소련이 자유주의 진영을 차지하려 한
다는 내용의 프랑스 정치 포스터

미국이 겉으로는 평화를 가장하지만 사실 대량 살상 무기를 만든다는 내용의 소련
의 포스터

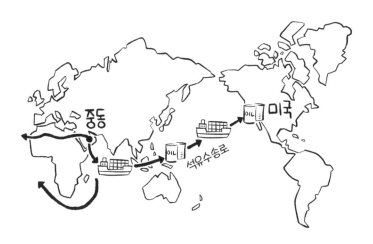

미국이 다른 나라를 무작정 도와준 건 아니고 자기들 이익과 연결되는 부분이 있었던 거네요.

맞습니다. 1947년이 되자 미국을 포함한 23개국이 모여 **GATT**를 창설합니다. 보통 '가트'라고 읽죠. '관세와 무역에 관한 일반 협정'을 뜻하는 GATT는 국가 간 무역장벽을 허물어 자유무역을 확대하려는 목적으로 만들어졌어요. 이후 오랜 시간 동안 국제 무역질서를 지탱하는 기둥 역할을 한 기구죠.

GATT? 세계 무역을 떠받친 기구라니, 솔직히 처음 들어봐요….

GATT에서 WTO로, 다자주의에 힘을 싣다

요즘에는 듣기 힘든 이름이니 모를 수 있습니다. 하지만 **WTO**는 다들 들어보셨을 거예요. GATT가 바로 '세계무역기구' WTO의 전신이죠.

WTO는 많이 들어본 거 같네요.

다시 1947년으로 돌아갑시다. 아직 2차 세계대전의 상처가 채 아물기도 전이었으니 블록경제처럼 폐쇄적인 분위기가 다시 만들어지지 않도록 막는 일이 가장 시급했어요. 이를 위해 GATT는 두 가지 중요한 원칙을 세웠습니다.

그 첫 번째 원칙이 다자주의입니다. 다자주의는 문자 그대로 여러 국가가 모인다는 게 핵심이에요. 이웃 간에도 갈등이나 문제가 생기면 입주민 전체를 대표하는 사람들이 모여서 공동 회의도 하고 규칙도 만들잖아요. 그처럼 무역과 관련해 국가 간에 문제가 발생하면 GATT 회원국 전체가 모여 논의하자는 거예요. 당사자 국가뿐 아니라 전체가 같이 문제를 판단하기 때문에 보다 객관적으로 문제를 해결하고 갈등을 예방할 수 있습니다. 현재 WTO가 개별 국가의 경제 규모와 상관없이 '1국 1표' 원칙을 채택한 것도 모두의 의견이 동등하게 반영되어야 한다는 다자주의를 계승한 결과죠.

하긴 중간에서 말려주는 사람 하나만 있어도 큰 싸움으로 번지지 않을 때가 많죠.

하하, 그렇죠. GATT가 내세운 두 번째 원칙은 자유무역과 공정무역입니다. 무역장벽을 제거하겠다고 만든 기구이니만큼 자유무역은 당연해 보입니다. 그런데 공정무역은 새로운 원칙이었어요.

초콜릿 살 때 공정무역이라는 말 들어본 거 같아요. 노동 착취 안 하고 만든 상품을 사고팔자는 의미지요?

관련은 있지만 아니에요. 쉽게 말해 국가마다 처한 상황이 다른 점을 고려하겠다는 뜻입니다. 앞서 설명한 경로의존성의 함정을 극복하기 위해 만든 원칙이라고도 볼 수 있죠. 비교우위에 따라 자유무역을 하면 부가가치가 높은 산업에 특화한 선진국과 그렇지 못한 국가 사이의 격차가 벌어지는 문제가 발생한다고 했잖아요. 이 차이를 좁힐 수 있도록 개발도상국에 혜택을 약간 주는 겁니다. 이를테면 선진국보다 다양한 품목에, 더 높은 관세를 부과할 수 있도록 하는 거죠.

오, 꽤 고민을 많이 한 거 같네요.

나라마다 출발점이 다른데 다 똑같이 장벽을 내리고 자유무역을 하라고 강요하면 결국 약소국에 일방적으로 부담을 지우는 셈이 될 테니까요. 그래선 안 된다고 합의를 한 거죠. 물론 공정무역 규정의 빈틈을 노려 공공연하게 보호무역을 벌이는 일부 강대국도 있었지만요.

또 GATT는 자유무역을 확대하기 위해 기발한 아이디어를 냈어요. 혹시 '최혜국 대우'라는 말을 들어본 적 있나요?

뜻은 대충 알 것 같아요. 최고의 혜택을 누리는 국가로 대접해준다는 뜻 아닌가요?

그렇습니다. 가상의 국가 A가 B와 무역협정을 맺으면서 최혜국 대우를 적용했다고 가정해보죠. A국은 자국이 다른 나라와 체결한 모든 협정 중 가장 좋은 조건, 예컨대 가장 낮은 관세를 B국에 적용해주겠다고 약속합니다. 그런데 만일 나중에 C국과 새로 거래를 트면서 더 낮은 관세를 적용하기로 한다면 어떨까요? 그럴 경우 최혜국 대우 조약에 따라 B국은 자동으로 C국과 같은 수준의 관세를 적용받을 수 있습니다. 이게 최혜국 대우가 갖는 힘이에요. 한번 최혜국 대우를 받기로 한 국가는 상대 국가가 다른 국가와 좋은 조건으로 무역할수록 덩달아 이익을 얻는 거죠. 그러니 무역협정에 최혜국 대우 조항을 넣으면 무역장벽을 낮추고 자유무역을 확대하는 데 큰 도움이 됩니다.

아, 서로 관세를 낮춰주다가 아예 관세가 사라질 수도 있겠네요.

그럴 수도 있겠죠. 새로운 원칙과 조항으로 무장한 GATT가 무역질서를 주관한 이래 자유무역은 순항하기 시작했습니다. 1950년대 세계 평균 25%였던 관세율이 1980년대에는 10% 이하로 떨어졌고, 1994년에는 5%에 도달했어요. GATT 회원국 수도 점차 늘어났죠.
GATT 회원국들은 몇 년에 한 번씩 모여 함께 지켜야 할 규칙을 정했습니다. 그리고 각 회의를 '라운드'로 구분했어요. 복싱 같은 스포츠에서 매 경기를 1라운드, 2라운드라고 부르잖아요? 그 라운드입니다. 여러분에게 가장 익숙할 만한 라운드는 1986년에 채택된 '우루과이 라운드'일 거예요. 이때를 기점으로 GATT가 크게 변했죠.

혹시 벌써 나쁘게 변질된 건가요?

나쁘게 변질된 게 아니라 오히려 논의하는 주제가 훨씬 다양해지면서 역할이 커졌습니다. 다음 표를 한번 볼까요.

GATT와 WTO의 주요 협상

라운드	연도	주제	참가국 수
제네바	1947	관세	23
안시	1949	관세	13
토키	1951	관세	38
제네바	1956	관세	26
딜런	1960~1961	관세	26
케네디	1964~1967	관세, 반덤핑 조치	62
도쿄	1973~1979	관세, 비관세 조치, 다자적 협상	102
우루과이	1986~1993	관세, 비관세 조치 규약, 서비스업, 지식 재산권, 분쟁 해결, 무역 관련 투자, 섬유류, 농업, **WTO 창설**	123
도하	2001~	농업, 서비스업, 관세, 비관세 조치, 지식 재산권, 분쟁 해결	153

출처: WTO

이전 라운드들과 다르게 우루과이 라운드에서는 관세뿐 아니라 서비스업, 지식 재산권 관련 문제, 무역 관련 투자와 농업 문제까지 다뤘어요. 그만큼 다양한 영역에서 시장 개방이 논의됐죠. 우리나라도 이때 농산물 시장 개방이 결정되면서 전국적인 반대 시위가 일어났었습니다.

저도 반대 시위를 본 적 있어요. 이 회의로 인해 우리나라 농산물 시장이 개방됐던 거군요….

그래도 농산물 시장을 완전히 개방하진 않았습니다. 농산물은 식량이니만큼 관세, 보조금 같은 보호무역 조치가 필요했죠. 우리나라에서 특히 중요한 농산물인 쌀시장을 보호하려는 정부의 노력은 우루과이 라운드 체결 이후 30여 년이 흐른 2021년도까지도 이어졌습니다.

쌀 수입 관세율 513% 확정…41만t까지는 5% 낮은 관세 유지

(…) 쌀을 수입할 때 붙는 관세율이 513%로 확정됐다. (…) 1995년 한국의 세계무역기구(WTO) 가입 이후 진행됐던 쌀 관세화 절차가 완료됐다. (…) 1995년 한국은 WTO에 가입하면서 농산물 중

> 쌀만은 관세화 유예 품목으로 됐다. 주식이라는 쌀의 특성, 높은
> 쌀 농가 비중 등 한국 쌀 산업 보호의 필요성을 내세워서다. (…)
>
> ―《중앙일보》 2021.1.22

헉, 관세가 500%를 넘네요?

맞습니다. 명목상으로는 쌀시장을 개방한다고 했지만, 실제로는 높은 관세를 매겨 국내 시장을 보호해왔죠. 기사 내용에서 한 가지 더 눈여겨볼 구절이 있습니다. 1995년 우리나라가 WTO에 가입했다는 내용이에요. 농산물 시장을 개방한 건 GATT에서 개최한 우루과이 라운드 때지만 이 회의에서 WTO 창설을 결의했거든요. 그래서 WTO 가입 이후 쌀시장을 개방했다고 말한 겁니다. 이때부터 GATT 대신 WTO가 세계 무역질서를 관장하는 가장 강력한 국제기구로 부상했어요.

GATT도 괜찮았던 거 같은데 군이 WTO를 만들 필요가 있었나요?

사실 GATT에는 치명적인 약점이 하나 있었어요. 라운드에서 결정한 사항을 회원국들에 권고할 수는 있어도, 강제할 권한까지는 없었습니다. 회원국들이 GATT의 권고를 잘 이행하지 않아도 해

결할 방법이 딱히 없었어요. 그래서 강제력을 가진 WTO가 만들어진 겁니다. 오늘날 WTO는 전 세계의 '무역 재판관' 역할을 하고 있습니다.

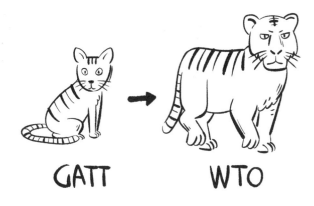

뉴스에서 "WTO가 입장을 표명했다"라는 말은 많이 들어봤지만, 재판관 역할까지 하는 줄은 몰랐어요.

GATT와 달리 WTO 산하에는 '무역재판소'라고 불리는 분쟁 해결 기구가 있습니다. 무역갈등을 겪고 있는 회원국은 무역재판소를 찾아가면 돼요. 우리나라도 2019년 일본이 반도체 부품 수출을 제한했을 때 무역재판소를 통해 일본에 소송을 제기한 적이 있습니다. 반대로 일본은 2015년 후쿠시마산 농수산물 수입을 금지하기로 한 우리나라 정부의 결정이 자유무역 원칙을 위배한다며 소송한 적 있고요. 다행히 WTO는 수입을 금지한 우리나라의 손

2022년 프랑스 마르세유에서 발언하는 나이지리아의 응고지 오콘조-이웨알라 WTO 사무총장. 최초의 아프리카 출신, 여성인 사무총장이다.

을 들어줬습니다.

그럼 만약 무역재판소가 내린 결정에 따르지 않으면 어떻게 돼요? 국가를 감옥에 가둘 순 없을 거고….

WTO에는 해당 회원국이 무역재판소의 결정에 따르는지 감시할 권한이 있습니다. 만약 재판소의 결정에 따르지 않는다고 판단하면 다른 회원국들이 무역을 통해 보복하도록 유도합니다. 2022년 기준 WTO의 회원국 수는 164개국에 달하며 전 세계 무역의 98% 이상을 담당하고 있어요. WTO의 말을 무시하면 사실상 국제 무역시장에서 고립되는 거죠.

무시무시하네요. 말을 안 들을 수가 없겠어요.

그렇죠? 강력한 권한을 가진 WTO의 설립과 함께 다자주의를 기반으로 하는 세계 무역질서는 점차 안정되는 듯했습니다. 지역주의라는 새로운 바람이 불기 전까지는 말이죠.

지역주의, 자유무역의 대세로 떠오르다

사실 효율성 면에서 다자주의는 비효율적이에요. 예컨대 우루과이 라운드에는 무려 123개국이 참가했는데, 의견이 좀처럼 조율되지 않아 최종 타결되기까지 장장 8년이나 걸렸습니다.

회의 한 번에 8년이요? 한두 시간 이야기하기도 쉽지 않은데….

그만큼 국가 간 의견 차이가 심했어요. 가급적 많은 국가가 합의하는 게 이상적이지만, 무역을 촉진하려면 이해관계가 맞는 국가끼리 빠르게 협정을 맺을 필요가 있었습니다. 개인 차원에서 일어날 만한 비슷한 상황을 가정해보죠. 한 아파트에서 심야에 소음이 심하다는 문제가 제기됐다고 해봅시다. 주민 회의를 통해 아파트 주민 전체가 밤 9시 이후에 청소기와 세탁기를 쓰지 않기로 새롭게 약속했어요.

그런데 다른 동에 비해 평수가 작은 101동과 102동에는 밤늦게까지 일해야 하는 젊은 청년층이 많이 살고 있었어요. 이들에게는

그 규칙이 상당히 불편하게 느껴지겠죠. 그렇다고 전체 규칙을 바꾸기보다는 101동과 102동만 규칙을 밤 11시로 조정하는 게 합리적일 겁니다.

연령대에 따라 일과가 다를 수 있으니까 그 정도는 유연하게 하는 편이 좋겠네요.

같은 원리를 무역에도 적용할 수 있습니다. 유독 이해관계가 잘 맞는 국가들이 있다면 WTO가 일률적으로 정한 조건보다 더 장벽을 낮추는 게 좋겠죠. 예컨대 WTO가 8% 관세를 적용하라고 할 때, 두 국가끼리 자체적으로 관세를 완전 철폐하는 등 특혜에 가까운 조건으로 시장을 열어둘 수 있어요. 이렇게 이해가 맞는 국가끼리만 특별한 조건으로 협력하는 경우를 **지역주의**라고 합니다. 대표적인 지역주의 협력체가 바로 유럽연합, 다시 말해 EU죠.

EU라는 이름은 익숙한데 지역주의 협력체라는 건 몰랐어요.

2차 세계대전의 피해가 컸던 유럽은 종전 직후부터 신뢰 회복을 위해 유럽 국가들끼리의 공동체를 발전시켜왔어요. 이 경제 공동체가 EU의 전신이죠. 당시에도 GATT가 있긴 했지만 초반에는 영향력이 미미했고, 다자주의 이상으로 유럽 국가들을 결집시켜줄 강한 구심점이 필요했습니다. 다자주의를 주도하던 미국도 유

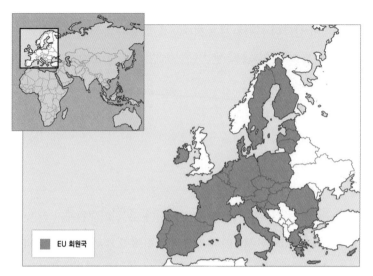

2022년 현재 EU 회원국은 총 27개국이며 그중 19개 나라가 유로화를 사용한다.

럽에서만은 다자주의를 관철하기보다 경제를 안정시키는 일이 시급하다고 판단해 유럽 경제 공동체를 지지했어요. 관세 동맹이나 FTA 같은 지역주의 협정이 자유무역을 확산시키는 데 도움이 될 거라고 판단했으니까요.

네? FTA도 지역주의 협정인가요? 헷갈리기 시작하네요.

좀 전 아파트 사례에 빗대 이해하시면 돼요. FTA는 서로 이해관계가 맞는 국가끼리 맺는 제한적인 협정이죠? 그러니 다자주의보다는 지역주의 무역협정이라고 할 수 있습니다.

원래 이야기로 돌아오면, 세계경제의 호황기인 1990년대가 되자 유럽 국가들은 '마스트리흐트 조약'을 체결하고 그때부터 EU라는 이름을 사용하기로 합니다. 그리고 1999년 EU 회원국 가운데 11개 국이 단일 통화인 **유로**Euro를 도입해요. 이 국가들을 묶어서 **유로존** Euro Zone이라고 부릅니다.

나라가 다른데 같은 화폐를 사용한다는 게 참 신기해요.

단일 통화를 사용한다는 건 사실상 경제적인 국경이 없다는 뜻이에요. 단순히 관세를 낮추는 조치와는 차원이 다르죠. 예컨대 유럽에는 유럽중앙은행이라는 초국가적 기구가 있습니다. 유럽중앙은행이 유로존 전체의 금리와 통화량을 조정하는 등 국가 경제의 핵심인 통화정책을 담당하고 있죠. 달리 말하면 개별 회원국이 자국 상황에 맞춰 재량껏 경제 정책을 펼칠 수 없다는 뜻이기도 해요.

유로가 대단한 거 같긴 한데 자기 나라 정책도 마음대로 못 하는 게 좋은 건진 잘 모르겠어요.

그런 문제를 감수할 정도로 경제적 이득이 상당하다는 뜻이겠죠? 먼저 모든 나라가 똑같은 화

유로화

네덜란드 남부 도시 마스트리흐트

폐를 사용하니까 환율이 널뛰어 무역이 방해받는 일이 없습니다. 환전해야 하는 불편도 없고, 상품 가격을 비교하기 쉬워 경쟁도 활발해져요. 자유로운 무역으로 인한 시장 통합의 이익을 톡톡히 누릴 수 있습니다.

이익이 크긴 하네요. 무역하기도 쉽겠고요.

다자주의를 위협하는 지역주의?

한편, 빠르게 성장하는 EU 경제 공동체를 보면서 초조해진 나라
가 있었습니다. 어디일지 짐작이 가시나요?

원래 제일 잘나가던 미국 아닐까요?

맞습니다. 처음엔 지역주의 협정에 미적지근한 태도를 보이던 미
국이 유럽 공동체의 성장에 위기감을 느끼고 미국 중심의 지역주
의 협력체를 만들기 시작해요. '미국 경제를 위해선 다자주의 협력
체만으로는 안 되겠다. 우리도 마음 맞는 국가끼리 일단 관세를 없
애고 협력 관계를 구축해야겠다'고 생각한 거죠. 그 결과 1992년
캐나다, 멕시코와 함께 FTA를 체결합니다. 이게 바로 북미자유무
역협정, 즉 **NAFTA**가 탄생하게 된 배경이에요.
한편 우리나라는 1990년대까지 지역주의 협정에 소극적이었다
가 곧 적극적으로 FTA를 체결하면서 빠르게 대세에 합류합니다.

우리나라가 지역주의에 소극적이었던 이유는 뭔가요? 딱히 반대
할 이유는 없는 거 같은데요.

우리나라는 그동안 WTO를 중심으로 하는 다자주의 세계질서에
기대 무역을 발전시켜왔기 때문이죠. 그런데 갑자기 미국, 유럽 등

NAFTA는 트럼프의 주도로 2018년 미국·멕시코·캐나다협정인 USMCA(United States Mexico Canada Agreement)로 대체되었다.

주요 수출국이 우리를 배제하고 FTA 체결국들끼리만 좋은 조건으로 무역을 하기 시작한 겁니다. 가만히 있다가는 우리의 주력 수출 상품들을 다른 나라에 빼앗길 위기였죠. 세계경제의 중심인 미국이 지역주의로 선회하고 다자주의 질서가 힘을 잃어가던 상황에서 우리나라만 옛 질서에 매달려 있을 순 없었습니다.

FTA 안 하는 사람, 아니 나라만 바보 되는 상황이었단 거군요.

그래서 최근에는 거의 지역주의 협정만 체결되고 있습니다. 어쨌든 확실한 장점이 있으니까요. 체결 과정이 효율적인 데다 다자주의를 표방하는 WTO가 너무 커져 기능을 제대로 못 할 때 국가들을 묶어주는 역할도 합니다. EU를 떠올려보세요. 세계대전을 두 차례나 겪는 통에 유럽 전체에 불신이 가득한 상황이었잖아요. 지역주의에 따른 통합 노력이 아니었다면 회복이 더뎠을 겁니다.

하지만 일부 경제학자는 지역주의가 자유무역 확산에 정말 도움이 될지 우려를 표하기도 합니다. 다자주의는 전 세계의 관점에서 무역갈등을 해결하기 위해 도입한 원칙이었어요. 그런데 소수의 국가끼리만 FTA 협정을 맺는다면 과연 이 목표가 달성될 수 있을까요? 지역주의 협정으로 뭉친 국가들이 나머지 국가를 배제하는 결과를 낳진 않을까요?

어쩌면 지역주의 협력체가 폐쇄적인 블록이 되어 간신히 합의한 자유무역 질서를 후퇴시켜버릴 수도 있습니다. 블록경제로 2차 세계대전까지 초래했던 과거가 다시 반복될지도 모르죠. 그렇게 되지 않길 바라지만 말입니다.

갑자기 무서워지는데요….

지역주의가 어디로 가는지 예의 주시해야겠지요. 일단은 전 세계의 자유무역 질서를 떠받치는 두 개의 기둥을 알게 됐으니 큰 한 걸음을 내디딘 셈입니다. 하나는 다자주의, 다른 하나는 지역주의죠.

FTA란 물건을 좀 더 싸게 들여올지 말지 결정하는 문제라고만 생각했는데, 어떤 무역질서에 합류할지의 문제이기도 했네요.

그럼요. 무역협정은 경제적인 의미 그 이상입니다. 국제 사회에서 한 국가가 차지하는 위치가 어딘지 보여줄 수 있어요. 어떤 나라, 어떤 진영과 협력할지 국가의 입장을 대외적으로 알리게 되니까요. 그래서 무역질서는 국제 정세에 시시각각 영향을 받습니다. 미국 중심의 다자주의가 지금의 국제 무역질서를 만들었다는 건 반대로 미국의 위치가 흔들리면 이 무역질서도 흔들릴 수 있다는 뜻이에요. 이제부터는 앞으로 무역질서가 어떻게 변화할지 그 이야기를 좀 해볼까 합니다. 미국 중심의 다자주의가 흔들리면서 자유무역에 어떤 위기가 찾아왔는지와 함께 말이죠.

세계질서가 된 자유무역, 갈림길에 서다 ○ ○

위기가 닥쳐오자 보호무역주의가 득세했지만, 결과는 참혹한 전쟁으로 끝났다. 자유무역을 위해 미국을 중심으로 모인 나라들은 다자주의라는 새로운 질서를 약속한다. 효율적인 의사결정을 위한 지역주의는 다자주의를 보완하는 것일까 아니면 다시 찾아온 보호무역주의의 서막일까.

전쟁을 불러온 보호무역주의	1929년 대공황이 발생하면서 보호무역주의가 득세 → 주요 국가들이 블록으로 찢어짐 → 무역 규모가 더욱 축소돼 경기 침체 → 독일 나치 집권 → 2차 세계대전 발발.
	블록경제 식민지와 본국을 하나의 폐쇄적인 블록으로 묶은 경제 공동체.

브레턴우즈 체제	1944년 미국 브레턴우즈에 자본주의 각국 정상이 모여 협상. 미국 달러화를 중심으로 하는 고정환율제도 도입.
	GATT 자유무역을 확대하기 위해 만들어진 국제기구. 다자주의와 자유·공정무역을 원칙으로 함.
	WTO GATT에서 강제력을 가진 기구로 재편.
	다자주의 무역 문제를 전 세계적인 관점에서 해결하려는 태도 및 움직임.
	자유·공정무역 자유무역을 추구하되, 개발도상국에 보호무역의 혜택을 허용.

새로운 흐름의 등장	지역주의 인접하거나 이해관계가 맞는 국가들 사이에서 무역장벽을 철폐해나가려는 움직임.
	다자주의의 비효율적 의사결정을 보완하기 위해 EU와 같은 지역주의 협력체 등장. FTA가 활발하게 체결됨.
	미국이 캐나다, 멕시코와 NAFTA 체결. → 우리나라도 적극적으로 지역주의 흐름에 합류.
	지역주의가 다자주의의 대안이 될지, 블록경제의 문제를 다시 가져올지 지켜봐야 함.

**자유무역은 정부가 국민에게 줄 수 있는
최고의 은총이지만 거의 모든 국가에서 인기가 없다.**

| 토머스 매컬리 |

03 다시 돌아온 보호무역주의 시대

`#요소수대란` `#국제수지` `#자국우선주의` `#미중 무역전쟁`

20세기 중반, 붕괴된 자유무역 질서를 브레턴우즈 체제로 다시 구축한 이후 미국은 항상 세계 무역의 중심이었습니다. GATT를 중심으로 다자주의가 자리 잡던 시절에도, FTA를 중심으로 지역주의가 확장되던 시절에도 세계 무역질서의 방향키는 늘 미국이 쥐고 있었지요.

그래서인지 경제 뉴스를 보면 미국이 꼭 빠지지 않고 등장하더라고요.

세계 각국이 지역주의에 힘을 쏟는데도 다자주의가 유지될 수 있던 이유는 어쨌든 표면상 미국이 다자주의를 계속 수호해왔기 때문입니다. 여기저기서 다시 보호무역주의로 돌아가려는 잡음이 시끄러운 와중에도 '전 세계가 자유무역으로 뭉쳐야 한다'는 미국의 신념은 크게 변하지 않았어요. 게다가 1991년 소련이 해체하면서 냉전 시대가 막을 내리자 미국을 막을 세력은 없어진 것처럼 보였습니다.

그런데 2018년에 이 판세를 흔드는 사건이 터졌습니다. 지금까지 이어지고 있는 미중 무역갈등이죠. 어떤 사람들은 단순한 무역갈등이 아니라 신냉전이라고까지 부릅니다. 마치 소련과 미국이 대치했던 것처럼 미국과 중국, 두 국가를 중심으로 국제 질서가 재편되고 있다는 표현이죠.

미국이랑 중국 사이가 안 좋다고 듣긴 했는데 제가 굳이 그 내막을 다 알아야 하나 싶어서 제대로 찾아보진 않았어요. 저랑 별로 관련 없는 일 같기도 했고요.

요소수가 부족했던 이유

정말로 관련 없을까요? 오른쪽 기사를 같이 보시죠. 2021년 말에 있었던 '요소수 대란'을 다룬 기사입니다. 중국이 요소 수출을 제한하자 화물차를 비롯한 디젤 차량에 필수인 요소수가 품귀 사태를 빚었어요. 평소보다 몇 배 비싼 가격을 불러도 요소수를 구하지 못해 많은 화물차가 운행을 중단해야 했습니다. 그런데 온 국민의 관심이 쏠린 이 사건의 시작에 미국과 중국의 무역갈등이 있었어요.

요소수 품귀…화물트럭 멈춘다

(…) 중국은 지난 15일부터 요소에 대해 수출화물표지(CIQ)를 의무화하면서 수출제한에 나섰다. (…) 관련 업계는 중국의 수출제한이 지속될 경우 이르면 올해 말부터 국내 요소수 재고가 완전히 동날 것으로 우려하고 있다. 요소수가 없으면 디젤 차량 운행이 불가능해지는 만큼 대형 화물차 등이 멈춰 물류대란으로 번질 가능성이 높다. (…)

—《매일경제》 2021.10.27

기사에는 미국과 중국의 갈등이 안 나오는데요?

사건의 발단을 알아보려면 3년 전으로 거슬러 올라가야 해요. 미국이 동맹국들에 중국 최대의 통신기기 업체인 화웨이 제품을 수입하지 말라고 요청한 일이 있었죠. 여기에 호주가 동참하면서 중국과 호주 사이가 급격히 틀어졌습니다. 2021년 중국이 호주에서

요소수는 석탄에서 추출한 요소를 물에 녹인 것으로, 디젤 차량에서 배출하는 환경오염 물질인 질소산화물을 줄여준다. 2016년 이후 출고된 모든 디젤 차량은 요소수를 넣도록 법으로 의무화돼 있다.

수입해오던 13개 품목의 수입을 중단하겠다며 무역 보복을 했는데, 그 품목 중 하나가 석탄이었어요.

그런데 예상치 못한 악천후로 중국 내 석탄 공장이 물에 잠기면서 석탄 품귀 현상이 발생했습니다. 그러다 보니 석탄을 원료로 하는 제품인 요소까지 덩달아 생산량이 급감했어요.

미국이 직접 개입한 게 아니라 미국 편을 든 호주와 관계가 틀어지면서 이 사달이 난 거군요.

네, 여기에 엎친 데 덮친 격으로 요소 비료를 사용해야 할 농사철이 다가왔죠. 결국 중국은 요소 수출을 제한하는 조치를 취합니다. 그렇지 않아도 미국산 농산물 수입을 줄이고 자국의 식량 생산을 늘리려 했던 중국으로선 당연한 대응이었습니다. 하지만 이로 인해 요소 공급을 중국에 의지해왔던 우리나라가 요소수 품귀 현상을 겪게 됐어요.

미중 무역갈등이 도미노처럼 요소수에까지 영향을 줬네요.

이번에는 우리 정부가 인도네시아로부터 3년간 요소수를 공급받기로 하면서 다행히 요소수 품귀 현상은 해결됐습니다만, 미중 무역갈등이 계속되면 언제 어떤 분야에서 유사한 문제가 터질지 모르는 일입니다.

둘 다 엄청나게 덩치가 큰 나라들인데… 우리나라 어떡하죠?

걱정이죠. 우리나라와 무역을 가장 많이 하는 중국과 미국이 서로 싸우고 있으니 가운데 끼어 있는 우리나라의 입장이 상당히 난처해진 상황입니다.

심지어 미국은 자국이 낀 공급사슬에서 중국을 배제하려는 움직임까지 보이고 있습니다. 중국 역시 미국에 영향받지 않는 자체 공급사슬을 만들려는 중이고요. 신냉전이라는 말이 무색하지 않게 팽팽합니다.

문제를 해결할 실마리를 찾으려면 일단 원인이 무엇인지를 알아야겠죠. 두 나라의 살벌한 무역갈등이 대체 어떻게 시작됐는지 차근차근 따라가 봅시다.

미국, 쌓아 올린 탑을 스스로 무너뜨리다

2016년 11월, 도널드 트럼프가 미국 대통령으로 당선됩니다. 그는 미국이 더 이상 '세계의 경찰' 노릇을 하지 않겠다고 선언했죠. 브레턴우즈 체제 이후 70여 년간 이어져 온 자유무역 질서에 큰 균열을 낸 사건이었습니다.

세계의 경찰이라고요? 미국이 교통정리라도 했다는 건가요?

하하, 비슷합니다. 미국은 국제 무역로를 보호해왔거든요. 물론 자국에도 이익이 되는 일이었지만 자유무역 질서를 지키기 위한 일이기도 했으니 '경찰'이라는 칭호가 붙은 거죠. 큰 비용과 노력을 들인 만큼 국제 사회에서 미국의 위상이 상당히 높았습니다.

그럴 만하네요. 무역로를 이용한 적 있는 나라면 다 미국 덕을 본 거니까요.

하지만 트럼프는 세계의 경찰 노릇이 다른 나라에만 좋은 일 하는 꼴이라고 봤어요. 괜한 지출 때문에 국력만 점점 약해진다면서요. 결국 대통령에 당선되자마자 NAFTA 조약을 개정하라고 요구하고, 유네스코와 파리기후변화협약에서는 아예 탈퇴해버렸습니다. '미국은 이제 세계의 질서를 유지하기 위해 앞장서지도, 협력하지

이스라엘 주재 미국 대사관 앞 시위 현장. 파리기후변화협약에서 탈퇴한 미국을 비판하고 있다.

도 않겠다. 대신 우리 이익만을 좇으며 국력을 강화하는 데 집중할 것이다. 그러다 보면 다른 나라는 알아서 미국을 뒤쫓아올 것이다.' 이게 바로 트럼프식 '미국 우선주의'입니다. 미국의 리더십으로 유지되던 다자주의 세계질서가 끝났다는 선언이었죠.

트럼프 때문에 이런저런 협약에서 탈퇴했다는 소식은 들어봤어요.

트럼프 개인이 일으킨 변화라기보다는 미국 내에 이미 세계의 경찰 노릇을 하는 데 반대하는 여론이 있었고, 그것을 적절히 대변하는 인물이 나타나서 대통령이 됐다고 봐야겠죠. 그렇게 당선된 지

트럼프 지지자들의 모습. '미국을 다시 위대하게(MAKE AMERICA GREAT AGAIN)'
라는 구호가 눈에 띈다.

2년이 지난 2018년, 이번에는 트럼프가 중국에 이른바 '선전포고'
를 합니다.

미국과 중국, 진흙탕 싸움을 벌이다

당시 상황을 기억하실지 모르겠지만, 2018년 미국과 중국이 무역
전쟁을 시작하자 여기저기서 우려의 목소리가 컸어요. 전 세계적
으로 무역량이 감소해 경기가 침체될 위기였으니까요. 특히 우리
나라처럼 수출로 먹고사는 나라들은 위기감이 매우 컸죠.

뉴스에서 크게 다뤘던 기억이 나네요.

시작은 역시 관세 전쟁이었어요. 2018년 3월 미국이 중국산 철강 및 알루미늄 등에 25% 관세를 부과하면서 관세 전쟁의 신호탄을 쏘아올렸죠. 이에 질세라 중국은 미국산 과일과 돼지고기에 각각 15%, 25%의 보복 관세를 부과합니다. 그로부터 한 달이 채 지나기도 전에 미국은 중국에서 수입되는 항공기와 로봇에 500억 달러에 달하는 관세를 매겼어요. 같은 날 중국 역시 미국산 자동차와 화학제품 등에 25% 관세를 부과하겠다고 발표하면서 상황은 점점 심각해집니다.

관세를 높이는 것으로도 전쟁을 치를 수 있군요?

그럼요. 관세는 대표적인 무역전쟁의 수단입니다. 대공황 이후 미

국에서 제정된 스무트·홀리 관세법도 관세 장벽을 쌓는 방식이었
죠. 수입쿼터제, 정부 보조금 같은 비관세 장벽도 무역 갈등의 수
단이 될 수 있지만 가장 직접적인 수단은 관세입니다.

미국과 중국이 서로 관세 폭탄을 주거니 받거니 하며 싸움은 걷잡
을 수 없이 커졌습니다. 중국이 관세를 부과할 미국산 상품이 거의
남아 있지 않을 때까지 이어졌죠.

정말 갈 데까지 갔군요. 이렇게 싸우면 둘 중 누가 더 큰 피해를 보
나요?

수치상으로만 따지면 중국입니다. 미국이 중국에 수출해서 얻는
이익보다 중국이 미국에 상품을 팔아 얻는 이익이 훨씬 크기 때문
이에요. 2019년 중국이 미국 수출을 통해 벌어들인 돈은 5,300억
달러지만, 미국의 중국 대상 수출액은 1,200억 달러밖에 되지 않

습니다. 그러니까 서로 비슷하게 관세 폭탄을 주고받았다면 수출액이 큰 중국이 더 손해죠.

하지만 미국 역시 만만치 않은 타격을 입었어요. 둘 다 큰 경제적 손해를 감수하면서 무역전쟁을 계속했죠.

자기도 피해를 입을 텐데 굳이 무역전쟁을 벌인 이유가 뭔가요?

트럼프 대통령은 여러 사안을 문제 삼았어요. 중국 정부가 환율을 조작한다는 의심을 제기하기도 했고, 중국 기업이 미국 기업의 지식 재산권을 침해한 데다가 국가 안보를 위협하는 서버 공격까지 벌였다고 주장했죠.

가장 크게 걸고넘어진 문제는 엄청나게 쌓인 무역적자였습니다. 미국은 중국과의 무역에서 상당히 큰 적자를 봐왔거든요.

중국에 적자를 보는 게 억울하니까 무역을 안 하겠다는 거였군요.

비슷합니다. 원래도 미국 입장에서는 무역적자가 큰 골칫거리였습니다. 다음 페이지 표를 보시면 미국의 적자 규모가 얼마나 큰지 알 수 있을 겁니다.

2017년 주요 국가별 경상수지와 무역수지

단위: 달러

국가	경상수지	무역수지
중국	1,630억	3,390억
독일	2,960억	3,000억
일본	1,750억	-160억
영국	-910억	-1,970억
미국	**-4,620억**	**-8,790억**

출처: The CIA World Factbook 2017(2018)

마이너스 표시가 있는 걸 보니 적자인 거 같긴 한데… 경상수지, 무역수지라는 용어도 알아야 하나요?

'수지'로 경제 읽기

여기서 한번 정리하고 넘어가죠. 일단 수지는 '수입과 지출'의 줄임말입니다. 쉽게 말해 한 나라의 가계부 같은 거예요. 어떤 부분에서 돈이 새는지, 그렇게 새는 돈은 또 어떤 부분에서 메워지는지알 수 있어요. 특히 우리나라처럼 무역 비중이 높은 국가에서는 아주 중요한 지표죠. 국제수지, 경상수지, 무역수지 이 세 가지만큼은 알아두시면 도움될 거예요.

셋 중에서 가장 넓은 개념인 **국제수지**는 일정한 기간 동안 국제 거래를 통해 벌어들인 외화와 지출한 외화의 차이를 보여줍니다. 보통 1년이 기준이죠.

이건 알겠어요. 국제수지가 흑자면 국내로 들어온 돈이 많은 거고, 반대로 적자면 외국으로 나간 돈이 많은 거죠?

맞습니다. 국제수지와 함께 일상적으로 가장 많이 사용되는 개념이 **경상수지**예요. 국제수지의 하위 개념인데, 말로만 하면 어려울 것 같으니 다음 페이지 표를 보세요.

국제수지는 크게 경상수지와 자본수지 및 금융계정으로 나뉩니다. 그중에서도 경상수지는 재화나 서비스 거래 같은 실물 부문의 수입과 지출을 보여주죠. 국제수지는 경상수지의 영향을 많이 받기 때

문에 경상수지를 국제수지의 동의어처럼 쓰기도 해요. '경상經常'이
라는 한자어 자체가 '일반적'이라는 뜻이기도 하고요.

국제수지	경상수지
	자본수지·금융계정

그러면 자본수지와 금융계정은 일반적이지 않은 거래인가요?

맞습니다. 둘 다 자본 거래를 기록한 수지예요. 자본수지는 해외
이주로 인해 자산이 다른 나라로 이동하는 상황처럼 투자 목적이
아닌 자본 이동을 집계하고, 금융계정은 투자 목적의 자본 이동을
집계합니다. 가장 중요한 경상수지로 다시 돌아가보죠.

경상수지	무역수지
	무역외수지

경상수지는 무역수지와 무역외수지로 나뉩니다. 무역수지에는
우리가 '무역'하면 떠올리는 음식, 의류, 반도체 같은 재화가 모두
들어가요. 무역외수지에는 재화가 아닌 서비스 거래 등이 들어가
고요.

자꾸 쪼개져서 헷갈리네요. 특히 무역외수지는 결국 무역으로 일어나는 수입과 지출이면서 이름은 무역외수지라니….

하하, 어렵게 생각하지 마세요. 국제수지 안에 경상수지가 있고, 경상수지는 무역수지와 무역외수지로 갈라진다고 정리하면 됩니다. 앞에서 봤던 표 일부분을 다시 가져와볼게요.

단위: 달러

	경상수지	무역수지
미국	-4,620억	-8,790억

2017년 미국은 경상수지에서 4,620억 달러, 무역수지에서는 8,790억 달러 적자가 났습니다. 경상수지와 무역수지가 크게 차

이나는 이유는 경상수지에 무역수지 말고도 무역외수지가 들어가기 때문이겠지요?

표를 보니 무역수지보다 경상수지의 적자 폭이 작습니다. 그렇다는 건 표에 나타나 있지 않은 무역외수지에서 흑자를 봤다는 뜻이죠. 하지만 무역외수지가 다 상쇄할 수 없을 정도로 무역수지의 적자가 컸기 때문에 결과적으로 경상수지에서 4,000억 달러가 넘는 적자가 났습니다.

음… 이 정도 적자면 진짜 걱정해야 하는 상황 아닌가요?

미국이 만성 적자국이 된 이유

사실 미국은 지난 수십 년간 엄청난 수준의 무역적자를 누적해온 세계 최대의 적자국이에요. 1970년대 중반 이후부터 40년 넘게 계속 적자였으니까 만성 적자라고 해도 과언이 아니죠. 2021년에는 사상 최대 규모의 적자를 내면서 또 한번 기록을 갱신했습니다.

지난해 美 무역적자, 1,030조원으로 사상 최대

지난해 미국 경제가 사상 최대 수준의 무역적자를 기록했다. 2020년 코로나19로 무너진 경제가 회복세를 보였는데, 이 과정에서 해외에서 수입된 전자제품, 장난감, 가구, 의류 등에 대한 소비가 늘었기 때문이다. (…) 미 상무부는 지난해 미국의 무역적자가 사상 최대인 8,591억 달러(약 1,027조 7,413억 원)로 치솟았다고 발표했다. 이는 2020년 6,767억 달러(약 809조 5,362억 원)보다 27% 오른 것이다. 또 종전 최고치였던 2006년 7,635억 3,000만 달러보다 높다. (…)

—《뉴시스》 2022.2.9

미국처럼 잘사는 나라가 대체 왜 만성 적자인지 잘 이해가 안 돼요.

무역적자가 크다고 해서 꼭 가난하다고 볼 순 없습니다. 적자라는 말은 들어온 돈보다 더 많은 돈을 썼다는 뜻이니까요. 미국처럼 구매력이 높은 나라일수록 무역적자를 보는 경우가 꽤 있습니다.

그래도 적자가 계속되면 돈이 점점 부족해질 거 아니에요. 그런데 어떻게 계속 구매력을 유지할 수 있는 건가요?

좋은 질문이에요. 여기에는 일종의 공생관계가 숨어 있습니다. 미국이 주로 적자를 보는 나라는 중국, 독일, 일본 등이에요. 그런데 이 국가들은 미국의 국채를 가장 많이 사들이는 나라들이기도 합니다. 국채를 산다는 건 대가로 현금을 준다는 뜻이니 사실상 이 국가들은 미국에 수출해 벌어들인 달러를 미국에 재공급하는 셈이죠. 미국이 자국 상품을 계속 수입하게 해서 자국 경제를 활성화시키고, 그 과정에서 실업률을 낮추려는 의도입니다.

국채 발행으로 미국의 국채, 즉 재정적자가 늘긴 하지만 동시에 미국 사람들은 풍요로운 소비생활을 이어갈 수 있게 됩니다.

신기하네요. 그럼 걱정할 거 없지 않아요?

당장은 문제가 없겠지만 그렇다고 해서 이 구조가 고착화돼도 괜찮은 건 아닙니다. 국가 간 무역에서 적자와 흑자 구조가 굳어진다는 건 돈이 계속 한쪽으로만 흐른다는 뜻이라 큰 문제로 번질 수 있거든요. 예컨대 미국에 금융위기라도 오면 미국 시장에 의존하던 국가들이 한번에 무너질 수 있어요. 그래서 이런 만성적인 무역수지 흑자와 적자 현상을 **글로벌 불균형** 문제라고 부릅니다.

문제를 해결하기 위해 미국이 노력하지 않았던 건 아니에요. 오랫동안 무역적자 폭을 줄이려 했지만, 뜻대로 잘 안 됐죠. 그런데 트럼프가 이 문제에 관심을 보였습니다.

트럼프가 글로벌 불균형 문제를 염두에 두고 있었나 봐요?

우리가 짚은 글로벌 불균형의 관점에서 관심을 가졌다고 보기는 힘들고요. 무역적자가 커지면 달러화 가치나 국가 경쟁력이 떨어지기 쉬우니까 단기적으로 적자 폭을 줄이려고 했어요.

트럼프는 대통령 후보 시절부터 미국을 '강도질당하는 돼지 저금통'에 비유하면서 적자를 해소하기 위해 강력한 보호무역이 필요하다고 주장해왔습니다. 그런데 미국이 2020년 한 해에만 중국 상대로 3,690억 달러 가량 무역적자를 봤거든요. 미국의 적자 중 절반 가까이가 중국에서 발생한 겁니다.

중국이 차지하는 비중이 크긴 하네요. 미국 입장에는 일단 중국부터 해결하자 싶었겠어요.

미국의 대중국 무역수지 적자 추이

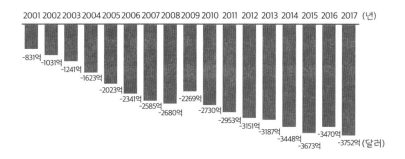

미국과 중국의 관세 전쟁이 시작된 2018년 직전까지 미국의 대중 무역수지 적자가 꾸준히 증가 추이를 보였다.

출처: 미국 통계국

성난 민심을 파고드는 보호무역주의

무역적자 외에 보호무역에 힘을 실어준 결정적인 사안이 있었어요. 바로 미국 내 일자리 문제입니다. 보호무역을 통해 미국 제조업의 쇠퇴를 막고 중국 같은 신흥국에 빼앗긴 일자리를 되찾아오겠다는 트럼프의 공약이 대중에게 큰 호응을 불러일으켰어요. 트럼프가 대통령이 된 직후 철강 부문에 엄청나게 높은 관세를 적용한 이유가 거기에 있습니다. 2017년 트럼프는 국가 안보가 위협 받을 때 대통령이 수입제한 조치를 내릴 수 있다는 '무역확장법 232조'를 근거 삼아 해외에서 들여오는 모든 철강에 25% 추가 관세를 부과해 국제 무역시장에 큰 파장을 일으켰습니다.

왜 하필 철강이었나요?

트럼프가 대통령 후보 시절부터 철강 산업 보호정책을 약속해왔던 이유는 펜실베이니아, 웨스트버지니아, 오하이오 등 철강 산업이 발달한 **러스트 벨트** 지역에서 민심을 얻을 수 있었기 때문입니다.

러스트 벨트요? 어디서 들어본 것도 같아요.

트럼프가 러스트 벨트를 공략한 이유를 이해하려면 먼저 이 지역이 어떤 곳인지 알 필요가 있어요. 영어 단어 '러스트rust'는 우리

말로 '녹', '녹이 슬다'라는 뜻이고 '벨트belt'는 지역을 의미합니다. 그러니까 러스트 벨트란 녹슨 지역이라는 뜻이죠. 과거에 미국 제조업을 대표하며 잘나갔던 공장 지대가 이제 잘 돌아가지 않고 녹슬었다는 의미가 담겨 있습니다.

안타까운 사연이 담긴 이름이네요. 우리나라 탄광 지역 이야기 같기도 하고….

바로 그 마음을 노렸다고 할 수 있습니다. 트럼프는 미국 제조업이 쇠락하고 러스트 벨트가 '뒷방 신세'가 된 이유가 무역, 즉 외국과의 경쟁 때문이라고 주장했어요. 그리고 문제에 대한 해결책으로

미국의 러스트 벨트 지역

러스트 벨트 철강 공장지대의 모습

보호무역이라는 카드를 내밀었습니다. 자기가 당선되면 무역장벽을 세워 외국 철강 제품이 유입되지 않도록 막을 테니 제조업이 부흥하고, 일자리도 늘어나고, 러스트 벨트도 불황에서 탈출할 수 있을 거라고 공언한 거죠. 어디서 들어본 듯한 내용 아닌가요? 대공황 시기 미국에서 보호무역을 주장하던 사람들의 논리와 거의 똑같습니다.

어떤 상황이었는지 좀 알겠네요. 그 주장이 통했겠죠?

네, 원래 러스트 벨트는 전통적으로 민주당을 지지하는 지역이었지만 2016년만큼은 공화당 후보인 트럼프 쪽으로 민심이 완전히 돌아섰습니다. 그 덕에 다수의 예상을 깨고 결국 트럼프가 대통령으로 당선됐죠.

그래선 안 될 것 같지만 솔직히 러스트 벨트 사람들의 심정도 이해는 돼요….

무역은 정말 모두에게 이익일까?

그래요. 러스트 벨트 사례는 앞에서 살펴본 우리나라 사람들의 이야기를 연상시킵니다. 바로 FTA로 피해를 입은 농민과 축산업자들 말이죠. 이들은 단지 운이 나빠서 피해를 입었던 게 아니라 무역이 낳은 구조적인 피해자들이었어요.

이해를 돕기 위해 전 세계 인구를 선진국의 상위 계층과 하위 계층, 개발도상국의 상위 계층과 하위 계층, 이렇게 네 개의 그룹으로 나누어 생각해볼게요. 무역은 대개 선진국과 개발도상국의 상위 계층, 그리고 개발도상국의 하위 계층, 이 세 그룹에는 이득을 가져다주기 쉽습니다.

하지만 나머지 한 그룹, 그러니까 선진국의 하위 계층이라면 이야기가 좀 달라져요. 무역의 수혜자라고 할 수 있는 앞의 세 그룹과 달리 선진국의 하위 계층에서는 무역 때문에 생계에 타격을 입는 사람들이 생깁니다. 러스트 벨트 주민들과 우리나라 포도 농가의 농민들처럼 말이죠.

왜 나한테만
그래...

무역이익

전혀 관련 없는 사람들 같았는데 무역의 피해자라는 공통점이 있었군요.

무역의 피해자가 발생하는 이유는 무역이 국가 간 분업과 특화를 낳기 때문입니다. 앞서 나온 우리나라와 베트남의 사례를 떠올려 보세요. 우리나라는 기술집약적 산업인 반도체에, 베트남은 노동집약적 산업인 운동화에 특화한다고 했습니다. 두 나라가 활발하게 무역할수록 우리나라에서는 반도체 산업이, 베트남에서는 운동화 산업이 점점 더 빠르게 성장하게 돼요. 교환이 많아지니 특화가 진전되는 거죠. 그런데 이 상황을 다르게 보면 우리나라에서 반도체 산업이 빠르게 성장하는 동안 운동화 산업은 비슷한 속도로 쇠퇴할 거라는 뜻입니다.

이미 살펴봤듯, 우리나라도 과거에는 의류나 섬유처럼 노동집약적 산업에 특화해 경제성장을 이뤘죠. 이후에 자본집약적 산업으로 산업구조를 고도화하면서 우리가 포기한 산업을 베트남이나 다른 국가들에 넘겨주었습니다. 우리나라에서 반도체 산업이 발전한 이상, 의류 산업이 쇠퇴하는 건 당연한 수순이었죠.

반도체 단지

그렇지만 의류 산업에 종사하던 우리나라 사람 입장에서도 이 상황이 당연했을까요? 어느 날 시작된 무역 때문에 자신의 일터와 생계수단을 잃을 위기에 놓였다면 억울한 마음이 들 수밖에 없죠. 이게 국제무역이 낳는 구조적인 피해입니다. 선진국과 개발도상국 사이에 무역이 활발해지면 선진국의 하위 계층이 도맡아 하던 노동집약적 산업이 개발도상국으로 옮겨가게 되고, 그 과정에서 어쩔 수 없이 낙오자가 발생하게 돼요. 우리나라에서는 해외 수출보다 국내 수요에 주로 의존하는 농수산업 종사자들이 이런 취약 계층에 해당하죠.

그래서 선진국의 하위 집단은 피해자가 되는 거군요…. 개인의 잘못과는 상관없이요.

그렇죠. 흔히 무역을 참가자 모두에게 이익을 가져다준다고 해서 '윈윈게임win-win game'이라고 합니다. 수입하고 수출하는 양측이 다 승리한다는 뜻이죠. 국가를 단위로 보면 실제로 그렇습니다. 무역에 참여한 모든 국가가 무역으로 이익을 보니까요.

하지만 내막을 들여다보면 그 안에서 다시 수혜자와 피해자가 나뉜다는 사실을 알게 됩니다. 국가 전체는 무역으로 이익을 얻지만, 그 국가가 더는 특화하지 않게 된 산업에 종사하던 사람들은 피해자가 되는 거죠. 한때는 세계 제조업의 중심이었으나 한 세기 만에 몰락해버린 러스트 벨트의 주민들처럼 말입니다.

세계 여기저기에 이런 피해자들이 흩어져 있겠군요. 남 일 같지 않아서 마음이 무거워지네요.

무역은 시대의 변화를 가속화합니다. 기술과 자본, 노동을 이동시켜 산업구조를 빠르게 바꿔놓죠. 이런 변화를 일찍 알아차리고 적절히 대처하는 사람은 문제가 없겠지만, 적응하지 못하는 사람은 피해를 떠안게 될 수도 있어요.

결국 일자리 문제로

국내 일자리가 줄어드는 문제야말로 세계 각국이 보호무역을 선택하는 가장 큰 이유입니다. 트럼프가 보호무역 정책과 동시에 강력한 반이민 정책을 펼친 것도 미국 내 일자리 부족 문제를 해외 이민자 탓으로 돌리기 위해서였죠.

흔히들 그렇게 말하잖아요. 이주노동자가 우리 일자리 다 뺏는다고요.

사실 그렇게 단순하게 설명할 수 있는 문제는 아닙니다. 해외 노동력 유입과 실업은 별개라는 근거도 많고요. 하지만 국내 경기 침체에 대한 책임을 회피하기 위해서 편리하게 외국인 노동자에게 책임을 돌리고는 하죠. 그런 생각이 널리 퍼질 정도로 일자리 문제가 심각하다고 볼 수도 있을 것 같아요.

가파른 성장세가 끝나고 저성장 국면에 진입한 선진국들은 일자리 문제로 골머리를 앓습니다. 선진국이 부족한 일자리를 보충하기 위해 이용하는 방법 중 하나는, 세계 곳곳에 흩어진 자국 공장을 국내로 불러들이는 거예요. 이런 정책을 **리쇼어링**reshoring이라고 부르는데요. 're'는 '다시'라는 뜻이고 'shore'는 '해안'을 의미하니까 직역하면 '다시 해안으로'라는 뜻이죠. 리쇼어링은 인건비 절감 등을 이유로 국내 제조업 시설을 해외로 이전하는 **오프쇼어링**

offshoring의 반대말로, 본국을 떠났던 제조업 공장이 다시 국내로 돌아오는 것을 의미합니다.

없어졌던 공장이 다시 생기니까 단기적으로는 국내 경기가 좋아지겠지만 이제까지 해오던 국제 분업은 중단됩니다. 국내 일자리를 만들기 위해 외국의 저렴한 노동력과 지대를 포기하는 셈이죠.

Off-Shoring : 해안가를 떠나다

re-Shoring : 다시 해안가로

아… 오히려 비용이 드는군요.

실제로 리쇼어링은 정부가 기업에 보조금과 세제 혜택을 주는 방식으로 이루어지고 있어요. 비용을 아껴야 하는 기업 입장에서는 해외에 공장을 두어야 합당하지만 정부가 의도적으로 상당한 비용을 부담해주는 거죠. 당연히 효율이 떨어질 수밖에 없습니다.

미국은 트럼프 이전 오바마 정부부터 현재 바이든 정부까지 기업의 리쇼어링을 지원하고 있어요. 이 역시 중국 시장에서 의도적으로 벗어나려는 보호무역 정책의 일환입니다. 미국 제조업체의 공장 상당수가 '세계의 공장'이라고 불리는 중국에 있거든요. 결국 수입 관세와 마찬가지로 중국에 내줬던 제조업 수출 경쟁력을 회복하고 국내 일자리를 창출하려는 시도예요.

미국과 중국이 단순히 자존심 싸움을 하는 게 아니라 지극히 현실적인 일자리 문제가 얽혀 있었군요.

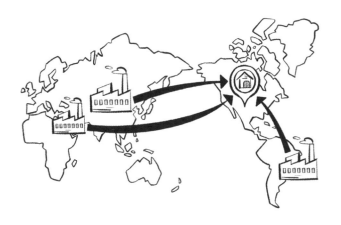

그렇죠. 무역 문제는 결국 국민의 일자리 문제입니다. 일자리는 개인의 삶과 존엄, 가정의 안위, 그리고 한 사회의 존립까지 연결돼 있고요.

그래서 어떤 나라들은 국내 실업 문제를 근거로 보호무역이 필요하다고 주장하고, 다른 나라는 보호무역 조치를 막으려고 하면서 크고 작은 분쟁도 일어납니다. 몇 년 전에 우리나라에서 조선업을 둘러싸고 일어난 분쟁이 좋은 예죠.

한국, 조선업을 지켜라

조선업이라면 우리나라가 굉장히 잘하는 분야잖아요.

네, 우리나라 조선업이 세계 최고라고 익히 알고 있죠. 2000년대
초반까지는 실제로 그랬습니다. 국내 조선사가 세계 시장에서 압
도적인 점유율을 차지하고 있었죠.

그런데 2008년 미국에서 시작된 글로벌 금융위기 때문에 전 세
계적으로 선박 주문이 급감하면서 국내 조선사들은 큰 위기를 맞
았어요. 2010년대 들어와서는 중국 기업의 성장에 밀려 세계 3위
수준으로 밀려납니다. 악재가 겹친 탓에 2016년 이후 5만 명이
넘는 관련 종사자가 일자리를 잃었죠.

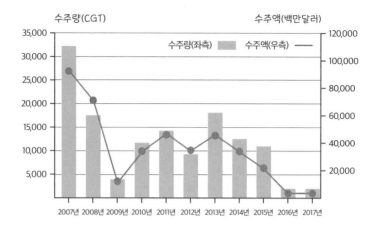

국내 신조선 수주량 및 수주액 추이

2017년 선박의 수주량과 수주액이 2007년에 비해 크게 하락한 모습이다.

출처: 클락슨리서치

5만 명이면 직원이 100명인 중소기업 500개가 문을 닫은 거나 마찬가지네요….

상황이 이렇다 보니 정부는 국내 조선업의 경쟁력을 회복시키겠다며 재정 지원에 나섭니다. 조선업이 일자리와 국내 경제에 미치는 영향력을 고려하면 그렇게 하지 않을 수 없었겠죠.

2016년 정부는 국내 3대 조선사 중 하나인 대우조선해양에 약 12조 원 규모의 자금을 지원했습니다. 이 돈은 대우조선해양의 기업 구조를 바꾸는 과정, 즉 구조조정에 쓰일 예정이었죠. 그런데 약 2

년 후 일본이 WTO 무역재판소에 우리나라를 상대로 소송을 걸면서 논란이 커졌습니다.

한국 정부 조선업 지원… 日, WTO에 제소키로

일본 정부가 우리나라 조선업계에 대한 공적 자금 지원 문제를 세계무역기구(WTO)에 제소하기로 했다.

이시이 게이이치[石井啓一] 국토교통상은 기자회견에서 "한국의 공적 자금 지원은 시장을 왜곡하고 공급 과잉 문제 시정을 늦출 우려가 있다"며 이같이 밝혔다. 일본 정부는 우리 정부 주도로 공적 자금 약 12조 원이 대우조선해양에 투입됐으며, 이후 대우조선해양이 낮은 가격으로 선박 건조를 수주해 시장 가격을 왜곡하고 있다고 보고 있다. (…)

―《조선일보》 2018.11.7

일본이 갑자기 왜 끼어들죠? 시장 가격을 왜곡한다는 건 무슨 근거인지….

우리나라 정부가 제공한 지원금 때문에 대우조선해양의 경쟁사인 일본 조선사들이 피해를 입었다고 봤거든요. 정부의 지원금 덕분에 대우조선해양이 낮은 가격으로 선박 주문을 받을 수 있었고, 그 결과 선박의 시장 가격이 지나치게 싸졌다는 게 일본 측 주장이었습니다. 우리 정부의 보조금이 조선사들 사이의 공정한 경쟁과 자유무역 질서를 해쳤다는 이야기죠. 일본은 2020년에도 같은 이유로 WTO 무역재판소에 한 번 더 소송을 제기했어요.

그렇군요. 보조금도 간접적인 보호무역 조치라고 하셨잖아요. 그럼 우리나라가 WTO 회원국의 무역 보복을 당하려나요?

보조금 정책이라고 해서 반드시 WTO 규정을 위반하는 건 아닙니다. 정도의 차이가 있을 뿐 어느 나라나 국내 기업을 보호하기 위해 보조금이나 세제 혜택을 활용하고 있거든요. 그러니 잘잘못은 재판을 통해 시시비비를 가려봐야 알 수 있습니다. 우리 정부 역시 일본의 소송에 대응해 해당 조치가 WTO 규정을 위반하지 않는 조치라고 항변했고, WTO 무역재판소에서 아직 판결이 나진 않았어요.

어쩌면 일본 정부가 엉뚱하게 걸고넘어지는 상황일 수도 있는 거네요.

네, 아직 명확한 결론이 나지 않은 건이죠. 그래도 한 가지 확실한 사실은 세계 어떤 나라든 국내 산업을 지키고 일자리 문제를 해결하기 위해서는 어느 정도 보호무역을 하고 있다는 겁니다. 세계 최고의 경제 대국인 미국이나 자유무역으로 먹고사는 한국, EU 같은 선진국, 개발도상국 할 것 없이 말이에요.

개발도상국이든 선진국이든 보호무역을 내세우는군요. 핵심은 둘다 자국 산업 보호, 일자리 보호인 거고요.

자유무역을 해야 전 세계적으로 이익이 커진다는 걸 몰라서가 아닙니다. 모든 나라가 한편으로는 자유무역을 하고 싶어 하고, 거기에서 이익을 얻으려고 해요. 하지만 장기적으로 세계경제의 효율성을 높이는 것보다 당장 눈앞의 일자리 문제를 해결하는 게 더 시급한 과제처럼 느껴지다 보니 이런저런 근거를 들어 보호무역을 하는 겁니다.

일자리 문제가 절박하면 그렇게 할 수 있을 거 같긴 해요.

트럼프 정부의 보호무역도 초반에는 일자리를 창출하려는 의도로만 보였어요. 무역장벽을 쌓아 자국 산업을 보호해야 한다는 전형적인 논리 같았죠. 하지만 얼마 지나지 않아 무역적자와 일자리 문제라는 명분 뒤에 숨은 또 다른 동기가 드러났습니다.

그게 무슨 말씀인가요? 또 다른 동기요?

냉정하게 따져보면 미국 제조업은 이미 20세기 후반부터 경쟁력을 꽤나 잃은 상태였습니다. 보호무역을 한다고 하루아침에 해결될 문제가 아니었다는 소리죠. 그런데도 트럼프는 일자리 문제를 해결하고 제조업을 지켜내려면 무역장벽을 높여야 한다고 주장했어요. 결과는 어땠을까요? 임기 초반에는 제조업 관련 경제지표가 잠깐 나아졌지만 2018년 미중 무역전쟁이 시작된 이후 그래프가 고꾸라지면서 오히려 집권 전보다 상황이 더 나빠졌습니다. 미중 무역전쟁이 제조업을 더 악화시킨 거죠. 트럼프는 국내 산업에 타격이 있을 거라고 충분히 예상되는 상황에서도 무리해서 무역전쟁을 감행했습니다.

이 모든 걸 다 감수할 만큼 중요한 뭔가가 있었나 본데요.

미중 무역전쟁의 또 다른 이름

네, 미국이 중국에 취한 조치가 관세 말고도 굉장히 많았다고 말씀 드렸죠? 이를테면 중국을 환율을 조작하는 나라로 지정해 불이익을 줬고요. 화웨이를 '블랙리스트 기업' 목록에 올려 미국 IT기업들과의 거래를 막았습니다. 호주나 우리나라 등 동맹국에까지 화웨이가 생산한 장비를 도입하지 말라고 요청했죠.

상황이 여기까지 번지자 미중 갈등이 더 이상 단순한 무역전쟁이 아니라 패권 경쟁 양상으로 변했다는 분석이 나오기 시작해요. 쉽게 말해 중국이 패권국의 지위를 넘보자 미국이 이를 견제하기 위한 수단으로 무역전쟁을 선택했다는 겁니다. 미국이 무역적자를 문제 삼으며 높은 관세를 부과했던 중국 제품 1,300여 개 품목 중 상당수가 미국의 무역적자에 크게 영향을 끼치지 않았다는 사실이 이 주장을 뒷받침해줬죠.

패권이라면 권력 비슷한 의미인가요?

쉽게 설명하면 세계 권력 1위 자리, 국제 정치에서 가장 압도적인 영향을 행사할 수 있는 힘이라고 할 수 있습니다. 어떤 국가가 패권국 지위를 얻으려면 기본적으로 세 가지 부문에서 경쟁력이 높아야 해요. 유사시에 대비해 군사력이 강해야 하고 이를 위해 경제력이 필수적으로 뒷받침되어야 하죠. 또, 대외적으로 외교력을 갖춰야만 국제 정치 무대에서 동맹을 확보할 수 있습니다.

경제력, 군사력, 외교력… 다 수긍이 가는 힘이네요.

지난 수십 년간 미국은 세 분야 모두에서 압도적인 지위를 자랑해 왔어요. 그런데 딱 하나, 경제력만큼은 중국이 미국을 빠르게 쫓아오기 시작합니다. 특히 2008년 글로벌 금융위기를 기점으로 상황이 눈에 띄게 바뀌었죠.

당시 미국을 포함한 세계 주요국들이 모두 마이너스 경제성장률을 기록하며 경제에 큰 타격을 입었고, 미국 주도의 경제질서 역시 위기를 맞았습니다. 그런 와중에도 중국 혼자 연 8%가 넘는 경제성장률을 자랑하며 순항했어요. 이때 이미 중국의 GDP가 미국 GDP의 40%를 넘었고 2018년이 되면 70%까지 따라잡습니다. GDP는 한 나라의 경제 규모를 가늠하는 척도니까 중국 경제 규모가 미국의 70%까지 되었다는 얘기예요. 물론 중국도 마냥 고공행진 하지는 못했고 얼마 지나지 않아 경제성장률이 주춤하긴 했지만요.

70%면 미국이 위기라고 느낄 만하네요.

게다가 2012년 시진핑 주석이 선출되고 난 뒤 중국은 본격적으로 미국의 지위에 도전하는 듯한 행보를 보였습니다. 특히 시진핑 주석이 발표한 '중국몽' 계획이 논란의 중심에 있었어요.
중국몽이란 '위대한 중화 민족의 부흥을 꿈꾼다'는 뜻으로 과거의

글로벌 금융위기 전후 경제성장률

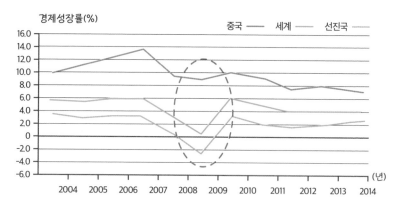

2008년 글로벌 금융위기 직후 세계 평균 경제성장률은 0%대, 선진국 성장률은 -4~-2%로 떨어진 반면, 중국만 8%~10%대 성장률을 유지했다.
출처: IMF

중화사상, 즉 중국이 세계의 중심이라는 관념을 담고 있는 이름입니다. 중국몽 계획을 발표했을 당시 중국은 이미 G2 지위에 있었으므로 다른 나라들은 이제 중국이 G2를 넘어 G1으로 도약하려는 시도라고 해석하기도 했어요.

와, 중국이 미국을 상대로 대대적인 도전장을 내밀었다고 봐도 되나요?

많은 이들이 그렇게 해석합니다. 2015년에 발표한 '중국 제조 2025' 계획도 같은 맥락에서 큰 반향을 일으켰습니다. 오랜 시간 양적 성장에만 집중해온 중국의 제조업을 질적으로 고도화하려는 정책이었기 때문이죠. 로봇, IT 기기, 의료 기기, 반도체 등 미국이

'차이나 드림(China Dream)'으로 번역되는 중국몽은 미국의 '아메리칸 드림(American Dream)'을 연상시킨다.

주력하는 첨단산업을 적극적으로 육성하겠다는 계획이었습니다. 미국 입장에선 이런 계획이 당연히 눈엣가시일 수밖에 없었어요. 이에 미국은 중국이 발표한 10대 전략산업 부문에 즉각 25% 관세를 부과하며 중국과 정면충돌했습니다. 이 분야들에서 미국이 밀리지 않겠다는 강력한 의지를 보여준 거죠.

하지만 이 갈등은 단순히 무역수지의 문제가 아니라 기술 자립의 문제이니만큼 중국은 쉽게 물러서지 않았어요. 향후 4차산업 시대의 패권을 좌우할 첨단기술을 두고 두 국가가 팽팽히 맞서고 있습니다.

두 나라 모두 첨단산업에서 비교우위를 차지하고 싶어서 신경을 곤두세우게 된 거네요. 이제 이해가 돼요.

2019년 열린 스마트 차이나 엑스포에서 로봇 팔이 자동차를 조립하고 있다.

관세 전쟁으로 시작된 두 국가의 갈등은 점차 환율 전쟁, 기술 전쟁, 패권 전쟁으로까지 번졌습니다. 여기에서 미국의 조치는 자국의 산업과 일자리를 지키기 위한 단순한 보호무역 조치가 아니었어요. 그 이상으로 상대국에 타격을 주려는 목적이 있었죠. 경제적으로 앞서 나가는 선진국이 후발국의 추격을 따돌리는 '사다리 걷어차기'를 시도한 겁니다. 무역수지와 일자리 문제로만은 설명할 수 없는 더 큰 차원의 자국우선주의였죠.

아하, 사다리 걷어차기…. 하긴 정부가 기업에 보조금 주는 일이랑은 차원이 다른 이야기인 것 같았어요.

2020년 미국에서 정권이 교체되긴 했지만 방법만 약간 다를 뿐 중국을 향한 견제는 계속되고 있어요. 어느 정권이든 중국이 미국에 버금가는 대국으로 성장하는 일만은 막고 싶은 거죠. 결국 미중 갈등은 무역 이익의 문제일 뿐 아니라 향후 국제 정치 무대에서 어떤 나라가 패권적 지위를 차지할 건지를 둘러싼 갈등이다, 이렇게 정리할 수 있습니다.

고개를 드는 자국우선주의, 흔들리는 국제질서

자국우선주의 행보를 드러낸 건 비단 미국뿐만이 아닙니다. 트럼프가 등장하기 전 이미 자국우선주의 분위기를 조장하는 큰 사건이 하나 있었어요. 바로 2016년에 시작된 영국의 **브렉시트**입니다.

한동안 이 문제로 꽤 떠들썩했죠.

영국Britain이라는 단어와 탈퇴exit라는 단어의 합성어인 브렉시트 Brexit는 영국의 EU 탈퇴를 가리켜요. 그간 유럽에서 이어져온 지역주의 흐름을 단숨에 뒤집는 결정이었죠. 영국이 EU를 탈퇴한 첫 번째 이유는 매년 내야 하는 분담금 때문이었어요. EU는 GDP가 높은 국가일수록 분담금을 많이 내도록 하기 때문에 영국은 상당한 부담을 질 수밖에 없었습니다. 브렉시트 문제가 불거지기 전 2015년에 낸 분담금이 우리나라 돈으로 22조 1,000억 원으로 국민 1인당 34만 원 정도였죠.

분담금 문제와 더불어 뒤늦게 EU에 가입한 동유럽 국가들이 영국 일자리를 빼앗아갔다는 주장도 힘을 얻었습니다.

트럼프가 했던 이야기랑 비슷하네요. 우리가 부담하는 돈이 너무 많다, 이민자들이 일자리를 줄인다….

시위 중인 시민들이 들고 있는 영국 국기에 EU 체제에서의 완전 이탈을 의미하는
'하드 브렉시트(hard brexit)'를 원한다고 써 있다.

사실은 영국이 EU를 통해 얻은 혜택도 컸어요. 세계 시장 규모 2
위인 EU의 회원국들과 관세 없이 무역하며 얻은 이익을 따져보면
분담금을 넘고도 남을 겁니다. 게다가 EU가 결성됨으로써 얻은
유럽의 평화 등 돈으로 환산하기 어려운 혜택도 있었죠.

브렉시트 이후 영국의 무역량은 약 15% 감소했고 GDP 역시 감
소할 것으로 전망되는 등 큰 경제적 손실을 피하기 어려워 보입니
다. 브렉시트에 반대한 스코틀랜드 지역이 영국으로부터 독립하
려는 움직임이 강해지는 등 정치적인 긴장도 커지고 있죠.

진짜 미국만의 문제가 아니네요. 전 세계가 들썩이고 있군요.

미국에서 트럼프가 당선되고 영국에서 브렉시트가 결정되기 직전 상황으로 잠시 돌아가봅시다. 당시 누구보다 간절하게 보호무역을 외쳤던 이들은 바로 자유무역의 수혜에서 소외된 사람들이었습니다. 평범한 사람들의 좌절과 분노가 보호무역주의를 촉발했죠. 트럼프가 당선됐을 때는 이미 미국 내 여론이 자유무역에 등을 돌린 상황이었습니다. 절반이 넘는 미국인이 자유무역이 경제에 도움이 되지 않는다고 생각했고, 심지어 트럼프를 지지하지 않는 사람 중에서도 40% 이상이 자유무역에 부정적이었어요.

어쩌다 그 정도로 반대가 심해진 건가요?

자유무역이 빠르게 확산된 지난 20년 동안 미국인들의 생활이 나아지지 않았기 때문이에요. 실질소득은 거의 제자리걸음이었고 2008년 글로벌 금융위기까지 겪으며 가계의 경제가 상당히 나빴습니다. 물론 실제로는 자유무역 때문에 손해를 본 사람도 있었고 아닌 사람도 있었지만 어쨌든 이들이 공통으로 찾은 문제의 원인이 자유무역이었고, 트럼프는 그 심리를 잘 파고들었어요. 보호무역이 정치적인 목적에서 이용됐던 겁니다.

자유무역 때문만은 아닐 텐데… 좀 답답하네요.

자유무역으로 얻은 이익이 공정하게 분배되지 않고 특히 무역으로 피해를 입은 취약 산업 종사자들이 제대로 보호받지 못하면 언제든 이와 비슷한 위기가 찾아올 수 있습니다. 무역이 발달한 나라일수록 사회보장제도나 재분배에 관심을 기울여야 하는 이유가 바로 여기에 있는 거죠.

무작정 보호무역을 할 순 없으니 자유무역을 하되, 자유무역으로 타격을 입는 국민을 보조해줘야 한다는 말씀이군요.

맞습니다. 영국과 미국은 각각 19세기와 20세기에 세계의 자유무역 질서를 선도했던 국가들입니다. 또 1980년대 이후 자유무역을 강조하는 신자유주의 질서를 전 세계에 확산시킨 국가들이죠. 그랬던 이들이 이제는 앞장서서 보호무역주의를 주장하면서 국가 간 결속을 불안하게 만드는, 참으로 아이러니한 상황이 벌어지고 있

습니다. 브레턴우즈 협정 이래로 크고 작은 부침이 있기는 했지만 자유무역과 다자주의가 지금처럼 크게 위협받은 적은 없었습니다.

결과만 놓고 보면 미국도 중국과의 갈등으로 손해를 봤고, 브렉시트도 영국에 손해를 가져왔잖아요. 강대국이라고 멋대로 했다간 괜히 손해만 보고 끝나겠어요.

당사자뿐 아니라 모두에게 큰 손해를 가져와요. 비단 무역에 국한된 이야기가 아닙니다. 코로나19 사태에서 세계 주요국이 보여준 '백신 자국우선주의'를 떠올려보세요. 선진국들은 다른 나라보다 먼저 백신을 확보하려 혈안이 됐고 심지어 유통기한이 지난 백신을 폐기하면서까지 물량을 독점하겠다며 국경을 통제했습니다. 그 결과가 어땠는지 오른쪽 그래프를 한번 보시죠. 백신 접종이 시작되고 1년이 지난 2022년 초반까지도 저소득 국가들의 백신 접종률은 극히 저조한 수준에 머물렀어요. 상대적으로 소득이 높은 국가들의 접종률과 수 배나 차이가 납니다.

우리나라에서도 백신 물량을 확보하는 문제로 한참 난리였던 걸로 기억해요. 이것도 국가의 경제력에 따라 결정됐군요.

맞습니다. 모두가 자국우선주의만을 고수한다면 코로나19 바이러스 같은 감염병 위기를 극복하는 일은 더욱 힘들어질 수밖에 없습니다. 바이러스가 다른 나라에 남아 있는 이상, 언제고 다시 퍼질 위험이 있으니까요. 실제로 코로나19의 변이 바이러스는 대부분 백신 접종률이 낮은 지역에서 처음 발견돼 전 세계로 번져나갔어요. 이 같은 현상이 바로 자국우선주의의 한계입니다. 이미 촘촘히 연결된 세계에선 문제를 나라 밖으로 밀어내봤자 결국 자기 발목을 잡게 돼요.

그러네요…. 결국 손해로 돌아올 걸 모르진 않을 텐데 다들 자꾸

국가 소득수준별 코로나19 백신 접종률

여러 차례 접종을 각각 계산한 결과 선진국의 접종률은 180%를 상회한 반면 저소득국의 접종률은 20%에도 미치지 못했다.

출처 : OurWorldData.org/covid-vaccinations

자국우선주의를 내세우면서 이기적으로 구는 모습이 답답해요.

무역도 마찬가지예요. 지금이야말로 국가 간 공정한 자유무역 질서를 유지하려는 노력을 지속해야 할 시점입니다. 하지만 안타깝게도 현실을 보면 어느 한 나라 선뜻 자유무역을 하려 들지 않아요. 모두가 보호무역 카드를 움켜쥐고서는 '네가 관세를 이만큼 낮추면 나도 낮추겠다', '네가 이만큼 자유무역을 하면 나도 그만큼만 자유무역을 하겠다'면서 서로 눈치를 보고 있습니다.

그러다 한 명이 보호무역 카드를 내밀면 다 같이 동요해버리는 거고요. 다들 조금이라도 손해를 덜 보려고 그러는 거니까 무작정 비난하기도 힘들 것 같긴 해요.

심지어 내가 당장 손해를 보더라도 상대방에게 큰 타격을 줘서 미래의 주도권을 확보해야겠다, 이런 계산을 하는 나라도 있을 테고요. 아무튼 지금은 모두가 자유무역이라는 이상을 상정해놓고도 자꾸만 스스로까지 위험에 빠뜨리는 엉뚱한 결정을 반복하는 상황이에요.

세계 무역의 흐름이 전환하는 시간

어떻게 해야 이 상황을 바꿀 수 있을까요? 인생은 한 치 앞도 모르는 거라고, 이대로 가다가는 또 큰 전쟁이 날 수도 있잖아요.

'앞으로 나아갈 방향은 이거'라는 딱 떨어지는 정답이 있으면 좋겠지만, 우리가 살아가면서 마주하는 대부분의 일이 그렇듯 무역에서도 명확한 답을 찾기는 쉽지 않습니다. 그래도 가장 중요한 것은 전 세계가 하나로 연결돼 있음을 인식하는 공동체의식과 책임감 있는 시민의식이겠지요. 성숙한 의식을 지닌 시민이 늘어나서 그 힘을 바탕으로 대내적으로는 자국민을 적절히 보호하면서도 자국우선주의에 치우치지 않는, 더 나은 정책을 만들어야 합니다. 그 방향으로 가기 위해 경제학자들도 머리를 맞대야 할 거고요.

역시 어렵네요. 속시원히 딱 떨어지는 정답이 없는 문제군요….

긴 시간을 두고 역사를 되짚다 보면 우리 인류가 매 순간 새로운 진보를 이루어낸 것 같다가도, 또 어떻게 보면 그냥 돌고 돌아 여러 균형점 중 하나를 찾는 걸 반복한다는 생각이 들곤 합니다. 오늘날 세계가 갈등하고 반목하는 것도 정해진 목표점을 향해가는 일이라기보다는, 그냥 이쪽저쪽 부딪히면서 정답을 찾아 헤매는 과정일지도 모르죠.

세계경제의 황금기라던 1950년대를 생각해봐도 그래요. 그때는 2차 세계대전이라는 아픈 기억이 선명했기 때문에 각자도생보다 협력이 필요하다는 사실을 누구나 알고 있었습니다. 그 덕에 자유무역 질서도 자리잡을 수 있었죠. WTO가 출범한 1990년대 이후엔 자유무역이 세계적 표준이라는 데 의문의 여지가 없었고요.

하지만 그로부터 시간이 꽤 지나 지금 또다시 자국우선주의, 보호무역주의 움직임이 강해지고 있습니다. 세계경제의 흐름이 자국우선주의로 역전되는 듯한 이 순간은 역사의 중요한 분기점이면서 동시에 더 큰 흐름의 일부일 수 있습니다. 지금 당장은 자국우선주의와 보호무역주의 쪽으로 균형이 쏠리는 듯하지만 또 얼마간 시간이 흐르면 자유무역이 가져다주는 이득이 다시 주목받을 수도 있겠죠. 자유무역을 향한 요구가 커져 다시 세계질서가 바뀔 수도 있습니다.

물론 다 지나가는 과정일 수도 있지만… 당장 앞일을 생각하지 않을 순 없으니 앞으로 어떻게 될지 알려주시면 안 될까요?

당장 우리 앞에 모습을 나타내고 있고 가까운 시점에 본격화될 만한 문제를 조심스럽게 이야기해보자면, 일단 미중 갈등의 영향으로 전 세계적인 인플레이션이 찾아올 조짐이 보입니다. 아래 기사를 같이 볼까요?

공급망 위기에 美PPI 상승폭 사상 최고치…금리 인상 재촉할까

공급망 위기가 지속되면서 11월 미국 생산자물가지수(PPI)가 예상을 뛰어넘고 연간 최대 상승폭을 기록한 가운데 인플레이션 대응을 위해 미국 연방준비제도의 테이퍼링과 금리 인상에 더 가속이 붙을 것이라는 전망이 나오고 있다. 로이터통신에 따르면 지난달 미국 PPI가 월간 기준으로는 0.8%, 전년 동기 대비 무려 9.6% 오른 것으로 나타났다. 이는 지난달 8.8% 상승폭에 이은 것으로 2010년 통계 집계 이후 최고치다. (…)

—《조세일보》 2021.12.15

어려운 단어가 좀 많은데, 요점은 미국의 물가가 굉장히 가파르게 상승하고 있다는 얘기입니다. 생산자물가지수, 즉 PPI는 물가를 측정하는 지수 중 하나입니다. 말 그대로 생산자가 공급하는 상품 가격의 변화를 보여주죠. 연방준비제도는 미국의 중앙은행을 말하는데, 물가가 너무 빨리 오르니까 중앙은행에서 대응책을 내놓는다고 해요. 미국 물가가 올랐다는 건 미국에 상품을 수출입하는 모든 나라, 즉 전 세계가 물가 인상의 위험에 놓여있다는 뜻입니다. 당연히 우리나라도 포함되고요.

안 그래도 요즘 물가가 살인적인 수준이던데… 관련이 있는 이야기인가 봐요.

맞아요. 핵심은 공급망 위기가 물가상승의 원인이라는 점입니다. 중국과 미국이 서로를 배제한 공급사슬을 새롭게 만들려고 하다 보니 기존 공급사슬이 깨질 위험에 놓인 거죠.
중국의 풍부한 노동력은 지난 몇 년간 전 세계 물가가 비교적 낮게 유지될 수 있던 요인 중 하나입니다. 중국의 값싼 노동력을 이용해 생산비용과 상품가격을 낮춰왔는데, 공급사슬에서 그 부분이 빠져버리면 물가가 오를 수밖에 없어요.

고래싸움에 새우등 한번 제대로 터지네요. 상황이 나아지긴 할까요?

아마 당분간은 지금 같은 보호무역주의 기조가 유지될 것으로 보입니다. 이미 일부 선진국 중심으로 자국우선주의 경향이 강해진 상황이라 이 분위기가 반전되려면 시간이 꽤 걸릴 것 같아요. 설상가상으로 2022년 러시아가 우크라이나를 침공함에 따라 국제적으로

에너지와 식량 가격이 크게 오르고 공급망 위기가 악화되는 양상이 나타났어요. 설령 코로나19 사태가 종결된다 해도 5~10년 정도는 보호무역주의 움직임이 우세할 듯합니다. 그렇게 된다면 아무래도 전 세계적 차원의 문제를 해결하기 위한 협력 역시 어려워질 수 있 겠죠.

저도 부정적인 결론을 내릴 수밖에 없는 현실이 몹시 안타깝지만, 경계하며 살아야 할 시대가 다가왔음은 분명해 보입니다.

교역에서 시작된 세계

자, 여기까지가 제가 이번 강의에서 준비한 내용입니다. 사람과 사 람이 물건을 주고받는 소박한 교환에서부터 도시의 교역이 만들어 낸 문명과 시장에 관한 이야기, 자본주의의 탄생 과정, 무역질서와 무역갈등 문제까지 다 다뤘네요.

처음 시장과 교역을 공부한다고 했을 때는 이렇게 다양한 내용이 나올 줄 몰랐어요. 기대보다 더 많은 걸 알게 됐네요.

다행입니다. 이제는 잘 알겠지만 교역이란 단순히 물건을 주고받 는 행위 이상의 의미가 있어요. 제한된 조건을 극복하고 더 잘 살 아보기 위한 인간의 노력이자 기술과 문화, 제도를 전달하고 혁신을 촉진하는 강력한 수단이죠. 그러다 보니 교역 이야기에는 인간과 사회의 모습이 담길 수밖에 없고, 그래서 이렇게 다양한 이야기를 해드릴 수 있었습니다. 물론 제가 해드린 이야기도 교역을 둘러싼 수많은 이야기 중 아주 일부일 뿐이지만요.

이미 몇 차례나 강조했듯 시장과 교역은 경제학 공부에서 빼놓을 수 없는 중요한 주제입니다. 앞으로 다룰 금융, 기업, 정부라는 주제들을 이해하는 데 기초가 될 내용이기도 하죠.

그렇다면 다음에는 어떤 주제를 다룰지 잠깐 소개하겠습니다. 아마 많은 분이 기대하실 주제일 거예요. 바로 '금융'입니다. 빚으로 팽창하는 신용경제와 자본주의의 꽃이라 불리는 주식, 금리와 환율, 화폐, 통제를 넘어 무제한으로 확장 중인 파생상품 이야기까지, 시장과 교역만큼이나 풍성한 이야기를 나눌 수 있을 것 같아 저도 벌써 기대가 됩니다.

다시 돌아온 보호무역주의 시대 ○ ○

미국과 중국의 갈등이 전 세계에 영향을 미치고 있다. 경제와 정치의 쟁점이 모두 얽힌 이 갈등의 핵심은 다시 도래한 보호무역주의와 자국우선주의다.

미국과 중국이 싸운다고?

미국과 중국 간 무역갈등은 우리나라에까지 영향을 미치고 있음.

예시 요소수 대란

무역갈등의 경위
트럼프 대통령 당선 → 중국산 철강 등에 관세 부과 → 중국은 미국산 식품에 보복 관세를 부과 → 서로 경쟁적으로 관세를 부과.

왜 미국이 중국을 건드렸을까?

① 무역적자 미국은 세계 최대의 무역적자국으로, 무역적자의 절반 가까이가 중국에서 발생.

② 일자리 문제 첨단산업에 특화한 미국이 더 이상 전통적 제조업에 특화하지 않게 되면서 일자리 문제 발생.

참고 러스트 벨트 녹슨 지역이라는 뜻으로, 침체한 미국의 제조업 중심 지역을 의미.

참고 한국의 조선업 2016년 조선업 일자리를 지키기 위해 한국 정부에서 대규모 국고 투입.

③ 패권 경쟁 커지는 중국의 국제 영향력과 이를 견제하기 위한 수단으로 '사다리 걷어차기'를 시도하는 미국.

앞으로의 국제 질서

브렉시트, 코로나19 백신 독점 등 선진국 중심의 자국우선주의가 득세하는 상황.
→ 미중 무역갈등, 러시아의 우크라이나 침공 등의 영향으로 기존 공급사슬이 깨지면서 세계적인 인플레이션이 찾아올 가능성이 높음.

사람들은
어느 시기에 가장 불행했을까요?

'불행'을 정의하기는 어렵지만, 일부 경제학자들은 사회구성원 다수의 평균적인 불행은 측정할 수 있다고 말합니다.

원리는 간단해요. 인간을 괴롭히는 대표적인 경제 문제가 인플레이션과 실업이니 이 두 요소를 섞어 불행의 지표로 삼으면 된다는 겁니다. 이렇게 탄생한 지수가 바로 '불행지수(Misery Index)'입니다. 물가 상승률과 실업률을 더해 얻은 값이에요.

오른쪽 그래프는 1960년 이후 미국 불행지수의 추이를 보여줍니다. 1970년대에 두 차례 급증했는데, 이때가 바로 오일쇼크로 인해 물가 상승과 불황이 동시에 닥친 스태그플레이션 시기였어요.

이후 불행지수는 그만큼 급증한 적이 없었는데, 2022년이 되어 세계경제가 다시 한번 1970년대와 유사한 상황을 맞을 수 있다는 경고가 커지고 있습니다. 코로나19와 국제 공급망 단절로 인해 인플레이션이 발생하고 경제침체도 지속되리라는 우려를 반영하는

미국 불행지수 추이

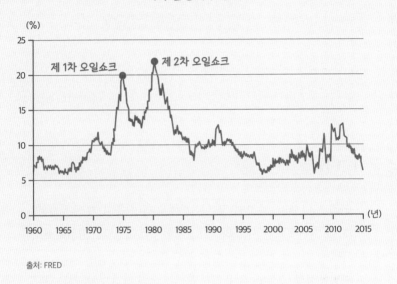

출처: FRED

것이죠. 다가올 미래가 높은 불행지수로 얼룩지지 않기를 바라는
게 우리 모두의 마음이겠죠.

QR코드를 인식시키면 퀴즈를 풀 수 있어요.
여기까지 배운 내용을 점검해보세요!

용어 해설 · 찾아보기

비가 계획되고 관리되는 경제 체제

- **글로벌 불균형** | 328p | 국제 거래의 결과, 미국은 꾸준히 경상수지 적자를 누적하고 다른 나라들은 흑자를 기록하는 현상
- **기축통화** | 283p | 국제 거래의 기본이 되는 통화로 미국의 달러화가 대표적이다.
- **기회비용** | 284p | 어떤 선택을 내림으로써 포기하게 되는 효용 혹은 가치로, 실제로 지출하지 않았더라도 비용의 성격을 가지고 있으면 모두 포함된다.

| ㄴ |

- **네트워크 효과** | 106p | 특정 상품에 대한 어떤 사람의 수요가 다른 사람들의 수요에 의해 영향을 받는 효과

| ㄷ |

- **다자주의** | 290, 299, 305, 311, 356p | 국가 간 협력을 촉진하기 위해 범세계적 협의체를 결성해 논의하고 결정하는 방식
- **대공황** | 273, 319, 332p | 1929년 미국에서 시작해 전 세계에 큰 충격을 끼친 경제 공황
- **대항해시대** | 86, 189p | 15세기부터 17세기까지 서유럽 탐험가들에 의해 신항로가 개척되면서 전 세계가 연결된 시기

| ㅂ |

- **보호무역주의** | 226, 273, 282, 360p | 국내 산업을 보호하기 위해 자유로운 무역을 규제하려는 움직임 또는 정책
- **북미자유무역협정(NAFTA)** | 305p | 미국, 캐나다, 멕시코가 무역장벽 폐지와 자유무역권 형성을 약속한 협정
- **분업** | 139, 145, 151, 156, 174, 205, 233p | 하나의 상품을 생산하는 과정을 여럿이 나누어 완성하는 노동 형태
- **브레턴우즈 체제** | 283, 311, 316, 356p | 1944년 브레턴우즈 협정의 체결을 계기로 들어선 국제 경제 체제
- **브렉시트** | 352p | 영국이 유럽연합에서 탈퇴한 사건
- **블록경제** | 279p | 정치·경제적으로 관계가 깊은 국가가 결집해 역내 교류를 촉진하는 한편, 역외 국가들과는 교류를 제한하는 경제 혹은 경제권
- **비교우위** | 163, 250, 263, 291p | 한 경제주체가 상대적으로 적은 기회비용으로 상품으로 생산할 수 있는 상황
- **비교우위이론** | 167, 170, 233, 249, 253, 267p | 상품 생산에서 한 나라가 다른 나라에 대해 절대열위에 있더라도 비교우위에 있는 상품 생산에 특화해 거래하면 이익을 얻을 수 있다는 이론

| ㅅ |

- **삼각무역** | 190p | 대항해시대 이후 유럽, 아프리카, 아메리카를 연결한 국제 무역망

는 식량의 비율
- **신용경제** ┃ 33, 45p ┃ 화폐 없이 신용을 바탕으로 교환이 이루어지는 경제
- **신자유주의** ┃ 259, 356p ┃ 1970년대 이후 등장한 사상적 흐름으로, 정부의 시장 개입을 비판하며 자유로운 시장질서를 옹호한다.

| ㅇ |

- **약속어음** ┃ 35p ┃ 발행한 사람이 소지한 사람에 일정한 금액을 지불할 것을 약속하는 어음
- **역내포괄적경제동반자협정(RCEP)** ┃ 262p ┃ 동남아시아국가연합 10개국과 한국, 중국, 일본, 호주, 뉴질랜드 등 총 15개국의 역내 무역자유화를 약속한 세계 최대의 자유무역협정
- **역사학파** ┃ 249p ┃ 19세기 중후반 독일에서 발전한 경제학의 한 분파. 단계에 따라 발전하는 인류 경제의 역사에 관심을 눈다.
- **연방준비제도** ┃ 362p ┃ 미국 중앙은행 제도로, 산하 기관으로 12개 지역 연방은행과 연방준비제도이사회 등을 두고 있다. Fed라고 불린다.
- **오프쇼어링** ┃ 337p ┃ 기업들이 업무 일부를 인건비가 싼 해외로 이전시키는 현상
- **우루과이 라운드** ┃ 293, 299p ┃ GATT의 제8차 다자간 무역협상. WTO 창설 등 광범한 의제를 다루었다.
- **유가증권** ┃ 44p ┃ 재산상 권리를 표시한 문서. 어음, 수표, 채권, 주권, 상품권 등이 있으며 재산권의 유통과 이용이 원활하게 이루어

지도록 한다.

- **유럽연합(EU)** | 262, 301, 352p | 유럽의 정치·경제 통합을 실현하기 위한 연합기구로 대표적인 지역주의 협력체
- **유럽중앙은행** | 303p | 유럽연합의 통화정책을 총괄하는 중앙은행
- **유로존** | 303p | 단일화폐인 유로화를 국가 통화로 사용하는 국가나 지역
- **유치산업 보호론** | 247p | 공업화에 뒤처진 국가는 미성숙한 산업을 보호하여 공업 부문이 성숙한 후에 자유무역으로 전환해야 한다는 이론
- **인플레이션** | 361p | 물가가 지속적으로 올라가는 현상
- **일대일로** | 77p | 중국이 주변 국가와의 경제 협력을 강화하기 위해 고대 동서양의 교통로인 실크로드를 현대판으로 다시 구축하려는 정책
- **일물일가의 가정** | 203p | 통합된 시장에서는 같은 종류의 상품에 하나의 가격만 성립한다는 가정

| ㅈ |

- **자본** | 201p | 상품을 생산할 때 필요한 생산요소로 기계, 공장 등을 포함한다.
- **자본주의** | 202, 245p | 개인의 사적 재산 소유를 바탕으로 이윤 획득을 위해 상품을 생산하고 소비하는 경제체제
- **자연경제** | 29p | 화폐가 생기기 전 초보적인 수준의 물물교환만 이루어지고 대부분 자급자족하던 경제

| ㅊ |

| ㅌ |

- **특화** | 139, 151, 157, 205, 254, 334p | 생산자가 하나의 업종이나 산업에만 종사해 집중적으로 생산을 하는 것

| ㅍ |

- **플랜테이션** | 201p | 자본가가 자본과 기술을 제공하고 노동자가 값싼 노동력을 제공해 경영되는 대규모 농업

| ㅎ |

- **혼합경제** | 112p | 시장경제를 바탕으로 하되 정부 개입을 인정하는 경제체제
- **화폐경제** | 32p | 화폐를 매개로 상품이 교환되고 유통되는 경제
- **환어음** | 35p | 소지한 사람에게 일정한 금액을 지불할 것을 제삼자에게 위탁하는 어음
- **환율 전쟁** | 351p | 국가가 인위적으로 외환시장에 개입해 자국의 통화를 약세로 유지함으로써 수출 경쟁력을 확보하는 일

만든 사람들

구성·책임편집 **강민영**
대학에서 역사를 전공한 경제 초보이자, 월급 통장으로 주식을 거래할 수 있다고 생각했던 금융 초보. 『난처한 경제 이야기』를 편집하고 나니 이제는 경제신문을 읽어도 웬만큼은 이해할 수 있게 됐다. 더 많은 사람들에게 경제학의 재미를 알려줄 책을 편집하게 되어 기쁘다.

노현지
대학에서는 정치외교학을 전공했고 책을 만들며 난생 처음 경제를 공부해봤다. 살면서 이 정도로 많은 경제서를 읽어보게 될 줄 전혀 몰랐다. 초보 편집자로서 책과 경제라는 생경한 두 세계를 엿보며 놀라고, 당혹하고, 유쾌해했다. 책으로 바꾸고 바뀌는 사람이고 싶다.

디자인 **말리북 Mallybook**
북디자인 중심의 디자인 스튜디오 말리북은 가묘장적 고양이 차돌의 집사 최윤선, 귀여움을 사랑하는 극INFP 정효진, 투명한 영혼의 소유자 민유리, 이렇게 세 명의 디자이너가 모여 작업하고 있습니다. 서로 다른 디자이너가 모인 독막의 사랑방 말리북은 매일 새롭고 재있는 작업과 신나는 이야기로 가득합니다.

독자 베타테스터
(가나다 순)
김정아, 김태주, 김호현, 박지연, 빈미숙, 성지현, 안지영, 유인영, 이경화, 장정주, 전지혜 외

사진 제공

수록된 사진 중 일부는 노력에도 불구하고 저작권자를 확인하지 못하고 출간했습니다. 확인되는 대로 적절한 가격을 협의하겠습니다.
저작권을 기재할 필요가 없는 도판은 따로 표기하지 않았습니다.

1부	보라부족 ⓒNowaczyk / Shutterstock.com
	피렌체 시뇨리아 광장 ⓒCezar Suceveanu
	피그미 부족의 모습 ⓒSergey Uryadnikov / Shutterstock.com
	사해에 만들어진 소금 기둥 ⓒYair Aronshtam
2부	서울 광장시장 ⓒredstrap / Shutterstock.com
	가구 판매 전시장 ⓒMaurice Flesier
	시골 슈퍼 ⓒStock for you / Shutterstock.com
	이천 M16 공장 ⓒSK 하이닉스
	베트남 의류공장 ⓒValsib / Shutterstock.com
	부산의 한 신발 가게 ⓒPixHound / Shutterstock.com
	1840년대 곡물법 반대 시위의 모습 ⓒALAMY
	중국 의류공장의 노동자들 ⓒhumphery / Shutterstock.com
	콜탄을 캐는 광부 ⓒALAMY
	마운틴 고릴라 ⓒJoe McKenna
	마리화나 합법화 시위 ⓒTony Webster
	설탕 ⓒSalicyna
	사탕수수 농장의 풍경 ⓒCSIRO
	한일 무역갈등 당시 포스터 ⓒHo Yuchih
3부	자유무역을 옹호하는 포스터 ⓒALAMY
	WTO 건물 ⓒMartin Good / Shutterstock.com
	공장의 어린 여성 노동자들 ⓒ국가기록원
	포니 자동차 ⓒChu
	RCEP ⓒDepartment of Foreign Affairs and Trade
	미국의 한 가족이 텔레비전을 구입하는 모습 ⓒALAMY
	소련을 경계하는 프랑스 정치 포스터 ⓒALAMY
	소련의 풍자 포스터 ⓒAgefotostock